_____ 년 ____ 월 ____ 일

_____(이름)

49 days
Journal of eating

EatQ.

Eat Quietly

유은정 지음

생각속의집

49일 식사일기 사용법

식사일기는 나의 몸과 마음을 알아가는 자기탐색의 도구입니다. 나를 잘 알기 위해서는 나에 대한 '관찰'과 '기록'이 필요합니다. 49일 식사일기는 크게 두 부분으로 되어 있습니다. 1장은 식사와 심리에 관한 내용을 담고 있습니다. 1장을 먼저 읽은 후, 2장 49일간의 식사일기를 시작합니다. 식사일기는 그날의 마음상태와 식사상태를 점검하는 역할을 합니다.

❶ 오늘의 기분상태를 해당 항목에 V 표시하세요.

❷ 오늘 나를 위해 무슨 활동을 했는지 해당 항목에 V 표시하세요.

❸ 오늘 힘들었던 일, 스트레스를 받았던 일, 혹은 아쉬운 일을 찾아내서 자신에게 격려
의 말을 건네 보세요.

❹ 아래 예시처럼 작성해 보세요.

식사일기

시간과 장소	공복감 수준 0 ~ 3, 숫자로 표시	식사결정 계획적 / 즉흥적	식사메뉴	식전기분	식후기분
오전 9시경, 집	1단계	계획적!	김치볶음밥	몸이 가볍고 기분도 활력적이다.	활력적이다. 좋은 기분이다.

❺ 오늘 먹은 음식을 떠올리면서 내 몸 상태를 점검해보고, 좋은 점과 개선할 점을 적
어보세요.

Eat, Write, Love
먹고, 쓰고, 사랑하라

먹고, 적고, 사랑하기
Eat, Write, Love

•

혹시, 나를 사랑하는 법을 배운 적이 있나요? 무엇이 나를 사랑하는 것일까요? 쉽고 명쾌하게 나의 몸과 마음을 제대로 돌보는 것, 이것이 나에 대한 사랑이에요. 그런데, 일과 관계에서 자신을 과도하게 써버리는 사람들이 많아요. 이렇게 자기 소모가 지나치면 감정적 먹기에 쉽게 빠져들게 됩니다. 음식이 가장 쉽게 그리고 죄책감 없이 나를 위로해주기 때문이에요. 하지만 감정적 먹기는 결국 더 큰 스트레스로 다가오죠. 이런 악순환의 사이클을 밟고 있다면, 잇큐(Eat Quietly, 평온하게 먹기)를 제안하고 싶어요. 감정적으로 아무거나 막 먹는 것이 아니라 내가 음식과 건강하게 만나는 것이 바로 '잇큐 식사법'입니다.

우리는 먹지 않으면 제대로 생각할 수도, 제대로 잠을 잘 수도 없어요. 우리의 몸과 마음은 심오하게 연결되어 있기 때문이죠. 특히 식사패턴은 몸과 마음이 어떻게 연결되어 있는지를 잘 보여주는 확실한 증거입니다. 음식은 내 몸 안에 들어가서 결국 나의 일부가 됩니다. 내가 어떤 사람인지 음식만큼 확실히 말해주는 것도 없어요. 그동안 진료실에서 만났던 한 분 한 분의 식사일기를 살펴보면, 그 사람이 보입니다. 먹는 음식이나 식습관을 통해서 결국 내가 어떤 사람인지 훤히 들어납니다.

《49일 식사일기》는 나의 몸과 마음을 관찰하고 돌보는 최적의 도구입니다. 그날의 마음일기와 식사일기를 기록하면서 나의 몸과 마음을 돌볼 수 있게 도와주죠. 편안한 마음으로 솔직하게 하루하루 적다보면, 미처 몰랐던 나의 마음습관과 식사습관을 알아차리게 됩니다. 언제, 어디서, 공복감의 수준, 식사내용, 먹기 전과 후의 기분상태 등을 적으면서 감정적 먹기와 그것을 촉발한 감정 사이에 어떤 연관성을 발견할 수 있어요. '오늘의 주된 기분(Mood)'과 '나를 위한 힐링 타임(Self-Care)'을 통해서는 나의 '보조자아(Alter Ego)'와 대화를 나눌 수도 있어요. 마지막으로 '오늘의 Quiet Time'에서 나에게 해주고 싶은 말을 적다보면 나를 사랑하는 법을 조금씩 배워갈 수 있어요. 마치 기독교의 QT나 불교의 명상처럼 하루 종일 이리저리 흩어진 내 영혼을 다독이는 시간이 될 거예요.

이제부터 49일 동안 우리는 그날의 먹은 것을 기록하면서 내 몸과 마음을 사랑하는 법을 배우게 됩니다. 49일은 새로운 식습관을 세팅하기 위한 최적의 시간이에요. 우리가 좋은 행동을 반복하면 우리의 뇌는 그것을 잊지 않고 몸과 마음에 저장합니다. 내 몸에 이로운 식습관을 만들기 위해 앞으로 49일, 총 7주간 식사일기장에 매일매일 실천해보세요. 《49일 식사일기》의 세 가지 미션은 먹고, 적고, 사랑하기(Eat, Write, Love)입니다. 이것은 자존감 심리치료 세션과도 같아요. 나를 진정 사랑할 때, 음식과의 관계도 건강할 수 있습니다. 이것을 항상 기억하세요. Let's Learn to Love your Self!

당신을 사랑하는 당신에게
유은정

식사를 하지 않은 사람은
제대로 생각할 수도 제대로 사랑할 수도 없어요.
심지어 제대로 잠을 잘 수도 없어요.
그만큼 음식과의 관계는 인생에서 가장 중요한 관계입니다.

기본적으로 먹는다는 것은
나의 몸과 마음을 건강하게 유지하기 위한 것이에요.
나를 사랑할수록 음식과의 관계도 편안해져요.
나를 아끼고 돌보는 만큼 함부로 먹지 않기 때문이에요.

이제, 나는 음식과 어떻게 만나야 할까요?
여기, 나를 위한 잇큐 레시피 10가지를 제안합니다.

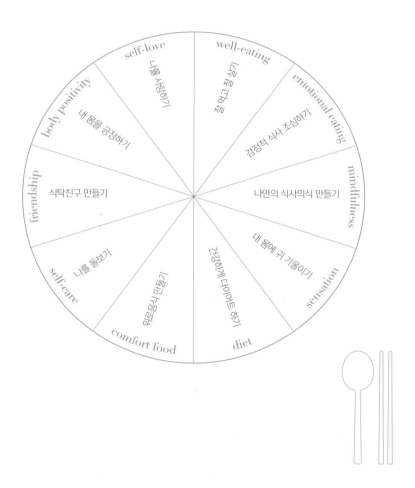

self-love 나를 사랑하기

well-eating 잘 먹고 잘 살기

body positivity 내 몸을 긍정하기

emotional eating 감정적 식사 조심하기

friendship 식탁친구 만들기

mindfulness 나만의 식사의식 만들기

sensation 내 몸에 귀 기울이기

self-care 나를 돌보기

comfort food 위로음식 만들기

diet 건강하게 다이어트 하기

49 days
journal of eating

차 례

Eat Quietly

1

식사질문
questions about eating

나는 건강하게 살고 있을까?

2

49일의 식사일기
49 days journal of eating

나는 오늘 무엇을 먹었을까? **40**

식사질문 1
questions about eating

Q1 잘 먹고 잘 살고 있을까?
Well-Eating

나를 제대로 먹이는 것, 이것이 최고의 비즈니스예요. 음식은 내 몸 안에 들어가 나의 일부가 됩니다. What you eat is who you are. 내가 먹는 것이 바로 '나'란 의미죠.

내가 어떤 사람인지 음식만큼 확실히 말해주는 것도 없어요. 식사일기를 살펴보면 그 사람을 한눈에 알 수 있거든요. 그 사람의 하루 일과는 누구와, 어디서, 무엇을, 어떻게 먹었는지 하루 세끼와 함께합니다. 그래서 식습관을 보면 살아가는 방식을 알 수 있죠. 식습관이 인생관이라는 말은 여전히 유효해요.

혹시, 일상의 리듬을 잘 유지하고 있나요? 일과 여가의 균형, 휴식 시간, 운동, 취미활동, 좋은 만남 등 나의 일상을 한번 떠올려보세요. 식습관은 일상의 습관과 긴밀히 연결되어 있어요. 그래서 건강한 식습관을 위해서는 일상의 습관을 배치하는 기술이 필요해요. 라이프스타일을 나에게 유리하도록 세팅하는 것, 바로 라이프스타일리스트^{lifestylist}가 되어야 하는 이유가 여기에 있어요.

나의 몸과 마음은 내가 주인인 동시에 책임자입니다. 다이어트도 나를 위해 하는 거예요. 그런데 남들에게 보이는 내 모습에 초점을 맞추고 살아가는 경우가 많아요. 그럴수록 외적인 모습에 휘둘려서 자기 자신을 있는 그대로 사랑하기 힘들어지죠. 내가 충분히 괜찮은 존재라는 것을 모르고 결핍된 부분만 확대해서 바라보느라 자신의 가치를 잃어버리고 있어요. 어쩌면 우리가 원하는 건, 음식이 아니라 '인정'과 '사랑'일 거예요. 물론 여기에도 조건이 있어요. 나를 인정하고 사랑해줄 누군가가 있어야 하죠. 그런 사람이 있으면 다행이지만, 없으면 어떻게 할까요? 그런 사람을 기다리기 전에 내가 나를 사랑해주면 어떨까요? 어쩌면 그것이 내가 최선을 다해 할 수 있는 일이에요.

나를 더 잘 사랑하기 위해 식사일기에 도전해보세요. 어렵게 생각할 필요는 없어요. 한두 번 빼먹어도 괜찮아요. 일주일 동안의 식사패턴을 살펴보기만 해도 충분해요. 음식을 먹을 때 나의 몸과 감정을 살펴볼 수 있다면 더욱 좋겠죠. 요요현상을 경험하는 다이어터들 중에는 자주 반복되는 심리패턴이 있어요. 'all or nothing.' 한동안은 완벽한 식단을 잘 유지하다가 한번 먹고 싶은 것에 압도되면 와르르 무너져버리죠. '에라 모르겠다. 오늘은 망한 날!' 하며 다이어트 생각은 몽땅 잊어버리고 만답니다. 이런 심리는 완벽주의 성향이 있으면서 절식 다이어트에 익숙한 분들에게 많아요. 일 년 사이에도 10킬로그램 이상 고무줄 체중이 반복되는 원인이 여기에 있어요. 바로 충동조절에 실패해서 그래요.

이런 자기조절감self-control의 상실은 자존감에도 상처를 주게 됩니다. '아, 나는 다이어트도 안 되나보다. 이런 내가 뭔들 잘 하겠어.' 혹시 이런 생각에 빠져 있다면 마음을 리셋해보세요. 다이어트는 위장이 아니라 바로 뇌에서 시작된다는 것, 이 심리를 잘 다스리면 다이어트는 반 이상 성공한 거랍니다.

이제, 식탁 위에서 새로운 나를 만날 준비가 되었나요?

#자기조절감

#라이프스타일리스트되기

#식습관이인생관이다

Q2 왜 항상 먹고 나서 후회할까?
Emotional Eating

다이어트에 실패했던 수많은 사람들을 지켜보면서 한 가지 공통점을 발견했어요. 살을 빼기 위해서는 '무조건 적게' 먹어야 한다는 것. 정말 그럴까요? 참는다고 참아지지 않는 게 바로 식탐이에요. 먹고 싶은 음식을 꾹꾹 참으면 언젠가는 폭발하는 법. 마치 눌렀던 스프링이 팡 튀어 오르듯이 말이죠.

배가 부른데도 계속 먹는 이유는 음식 자체만의 문제는 아니에요. 여기서 식욕과 식탐의 차이를 점검해봐야 합니다. 먼저 식욕은 나쁜 욕구가 아니란 점을 알아야 해요. 건강한 사람이라면 누구나 기분 좋게 먹고 싶다는 욕구가 있어요. 식욕이란 그런 거예요. 이에 반해 식탐은 나에게 도움이 되지 않는 욕구예요. 특정음식을 꼭 먹어야 하고, 갑자기 그 음식이 강렬하게 먹고 싶어진다면 식탐에 가까워요. 식탐은 대뇌에서 쾌락회로를 따라서 전달되는데, 이는 행위중독과 동일한 경로를 거치게 됩니다. 게임중독이나 알코올 중독, 섹스 중독, 마약과 같은 중독의 회로를 거치면 즉각적인 만족을 애타게 찾게 되죠. 그래서 일단 식탐이 느껴지면 자제심을 잃게 만들어요. 이쯤 되면 먹는 것 하나 조절하지 못하는 나를 무조건 탓해서는 안 되겠죠.

식탐을 식욕과 구분해서 '가짜 식욕'이라고 부르는데요. 가짜 식욕은 감정적 식사와 이어지면서 폭식을 유발하기 때문에 특히 조심해야 합니다. 가짜 식욕을 일으키는 다양한 감정의 요인들을 알아채고, 그 숨은 감정을 찾아내는 일이 그래서 중요하죠.

이러한 감정적 먹기emotional eating 에는 심리적 허기, 즉 마음을 배고프게 하는 감정적 요인이 반드시 있답니다. 예를 들어 어떤 날은 스트레스를 이겨내지 못해서 음식으로 도망가기도 하고, 우울이나 무기력이 있을 때에는 뭔가 짜고 매운 것을 먹어야 할 것 같은 기분이 들기도 해요. 불공평한 일을 겪거나 화가 치솟으면 달달한 것으로 나를 달래주기도 하죠. 다른 음식으로는 절대 대체될 수 없는 그 기분. 꼭 그것을 먹어야만 풀리는 감정의 트랩에 빠져버리는 거예요.
이 함정에서 어떻게 벗어날 수 있을까요? 어려운 것 같지만 식사일기를 매일 쓰다 보면 가능해요. 내가 먹은 음식 뒤에 숨은 감정을 알기 위해서는 연습이 필요해요. 식탁 뒤에 숨어 있는 내 감정은 무엇일까요? 매일매일 들여다보고 적어보기, 바로 식사일기를 통해서 말이죠.
이제 다이어트는 잠시 잊고 나의 감정에 귀 기울여볼까요?

#식욕과식탐은다르다
#먹기전에감정살피기
#감정적먹기는이제그만

감정적 식사 테스트

내가 얼마나 감정적으로 먹고 있는지 확인해보세요.

자신에게 해당되는 항목에 V 표시해보세요.

V 표시가 많을수록 감정적으로 먹고 있는 거예요.

이런 나를 알아차리고, 긍정적인 대안을 찾아보세요.

1. 스트레스를 받으면 아무거나 먹는다. ☐

2. 외로울 때, 유독 생각나는 음식이 있다. ☐

3. 기분에 따라 음식을 다르게 선택한다. ☐

4. 마음이 허전할 때, 음식으로 그 시간을 달랜다. ☐

5. 분위기에 휩쓸려서 먹는다. ☐

6. 습관적으로 야식을 찾는다. ☐

7. 혼자 먹을 때, 가장 편안함을 느낀다. ☐

8. 음식을 선택할 때, 타인의 영향을 받는다. ☐

9. 장소에 따라 식사량이 들쑥날쑥하다. ☐

10. 불규칙적으로 먹는 편이다. ☐

Q3 나만의 식사 리추얼은?
Mindfulness

'지금now' '여기here'에 있는 나를 느끼는 것, 이것이 바로 마음챙김Mindfulness이에요. 음식을 먹을 때도 마음챙김은 중요해요. 나와 음식을 건강하게 이어주니까요. 소중한 친구를 만나서 맛있는 음식을 먹는 순간을 떠올려보세요. 친구의 눈빛과 한마디에도 귀 기울이듯 내가 먹는 음식에도 온전히 집중해보는 거예요. 음식과도 우정을 나눌 수 있어요. 내 몸에 좋은 음식을 선택하고 천천히 즐겁게 먹는 것, 바로 마음챙김 식사Mindful Eating로 말이에요.

마음챙김 식사에는 나만의 식사 리추얼eating ritual이 필요해요. 사람마다 자신만의 반복된 식사 행동 패턴이 있어요. 쉽게 말하면 식사 습관 같은 것이죠. 예를 들어 식사 전에 식사 기도나 짧은 명상을 할 수 있어요. 식탁 위에 예쁜 식기들, 향기나는 향초, 무드 조명 같은 걸로 식사 분위기를 연출할 수도 있죠. 이런 식사 리추얼은 몸과 마음을 환기시켜주는 역할을 합니다. 결국 식사 시간은 음식만 먹는 것이 아니라 식탁을 둘러싼 분위기도 함께 먹는 거예요. 한번 생각해보세요. 나는 어떤 식사 리추얼을 갖고 있나요?

식사 시간은 나를 돌보는 시간이에요. 이 시간만큼은 나를 위한 시간으로 연출해보면 좋겠어요. 바쁘다는 이유로 식사를 어서 해결해야 하는 일처럼 취급되는 건 안타까운 일이에요. 빨리 먹어치우거나 다이어트 때문에 먹고 싶은 것도 꾹 참고, 스트레스 상태에서 아무거나 먹는다면, 음식이 주는 즐거움을 만끽할 수 없겠죠. 맛에 대한 순수한 느낌은 먹고 싶은 욕망과 잘 조화시킬 때 시작되는 거예요. 우리에게는 먹는 즐거움을 누릴 권리가 있어요. 기분을 좋게 하는 음식을 먹고 싶은 욕구는 자연스런 현상이죠.

그런데 앞서 말했듯이 식욕과 식탐은 구분할 줄 알아야 해요. 좋은 음식을 먹으면서 느끼는 기쁨은 식욕에 의한 쾌락이지만, 특정 음식에 대한 강렬한 욕구와 집착은 식탐이라고 볼 수 있어요. 만약 식탐에 빠져 있다면, 나의 몸과 마음을 좀 더 세밀히 들여다봐야 해요.

마음챙김 식사는 이런 식탐에 충동적으로 반응하지 않도록 도움을 줄 수 있어요. 바로 잠시멈춤의 힘을 통해서 말이죠. 무의식적으로 식탐에 반응해서 먹고 있는 나를 발견하게 되면, 내가 배가 고픈 것이 아니라 음식으로 어떤 감정을 해소하고 있다는 사실을 깨닫게 됩니다.

가끔은 의도적으로 음식 본연의 향과 색깔을 음미해보는 건 어떨까요? 음식의 풍부한 향과 다양한 시각적인 자극은 이미 포만감을 불러일으켜서 적은 양을 먹게 한다는 연구결과도 있어요. 음식을 먹을 때는 현재 느껴지는 감각과 느낌에 집중해보세요. 나의 습관적인 식사 행동도 관찰해보세요. 국에 말아서 후루룩 마시지는 않는지, 젓가락을 이용해서 음식을 적게 천천히 집고 있는지, 몇 번이나 씹고 삼키는지, 혼자 또는 함께 먹는 것을 선호하는지, 어느 장소에서 주로 먹는지, 음식을 먹는 시간은 얼마나 걸리는지 등 이 모든 것이 나의 식사 습관이에요. 내가 어떤 식사 습관을 갖고 있는지 정확하게 아는 것, 바로 마음챙김 식사의 기본이랍니다.

#마음챙김식사
#지금여기에있기
#나만의식사리추얼만들기

Q4 내 몸에 귀 기울이고 있을까?
Sensation

내 몸은 지금 배가 고픈 상태일까? 부른 상태일까? 이런 몸의 신호를 잘 알아채지 못하는 사람들이 많아요. 내 몸에서 느껴지는 공복감과 포만감을 구별하기 위해서는 일단 감정이 안정적이어야 해요. 감정에 휘둘릴 때는 몸의 신호를 잘못 읽고 배가 고프다고 느낄 수 있거든요.

먹어야 하는 신호인 공복감, 충분히 먹었다는 신호인 포만감. 이 두 감각을 구별하기 위해서는 몸의 신호를 정확히 읽을 수 있는 시간이 필요해요. 식사 전과 식사 후, 몸에게 시간을 주고 몸이 보내는 신호를 잘 느껴보세요. 배고픔은 내적 신호(먹어야 할 필요)이고, 식탐은 외적 신호(먹고 싶은 욕구)와 연결되어 있어요. 진짜 식욕은 내적 신호인데, 이 신호에 따라 식사를 하는 거죠. 조작될 가능성이 높은 외적 신호는 피하고 내적 신호에 귀 기울여보세요.

배가 고프다고 바로 뭔가를 먹어야 하는 건 아니에요. 당장 먹지 않으면 큰 일이 날 것 같아도 30분이나 1시간 쯤 배고픔을 느끼다보면 어느새 사라지기도 하잖아요. 물 한 컵 마시면 배고픔이 금세 누그러지기도 하면서요. 과식으로 배를 채우지 않으려면 이러한 몸의 신호를 잘 알아야 해요.

또, 포만감을 과식으로 착각하는 분들이 많아요. 그렇지 않아요. 기분 좋은 포만감이란 심리적 허기가 없고 만족감이 느껴지는 상태에요. 포만감이 찾아왔을 때 '이제 그만!' 하고 숟가락을 내려놓고 천천히 음식의 맛을 느껴보세요. 몸과 마음을 채워주는 만족스런 느낌, 그것이 바로 포만감이에요. 다시 한 번 기억해요. 포만감을 느끼기 위해서는 기다림이 필요하다는 것! 그래서 다이어트는 항상 천천히 씹는 것이 중요해요.

그런데 음식을 천천히 음미하면서 먹는다는 게 쉽지는 않아요. 빨리 먹고 치워야 하는 바쁜 일상 때문이죠. 밤늦게까지 야근을 하고 돌아오면 자기 전에 뭔가를 먹어야 하고요. '빨리빨리'에 익숙한 내 몸은 나 자신을 돌아볼 여유가 없죠. 일하면서 무의식적으로 먹는 습관은 또 어떻고요.

내 몸과 마음을 잘 다독여주어야 다이어트에도 성공할 수 있어요. 배고픔은 위장이 아닌 뇌에서 결정되고, 감정은 뇌의 포만중추에 큰 영향을 미치기 때문이에요. 몸과 마음이 편안할 때 포만중추는 만족감을 충분히 느끼게 됩니다. 하지만 우리가 불안, 외로움, 분노, 두려움, 슬픔과 같은 부정적인 감정에 휩쓸리면 중추신경계가 자극을 받아서 식탐이 슬슬 생겨나요. 이를 '심리적 허기'라고 부릅니다. 이것은 일종의 보상심리로 몸이 음식을 원하지 않는데도 지친 뇌가 음식으로 심리적 결핍을 채우려고 하는 거예요. 때문에 공복에 의한 육체적 허기보다 부정적 감정에 의한 감정적 허기가 몸을 지배하게 된답니다.

다이어트의 반복된 실패, 자신에 대한 불만족, 낮은 자존감, 이어지는 다이어트 강박은 부정적인 감정으로 뇌를 자극하기 때문에 더욱 식욕 조절에 실패하는 악순환을 겪게 되죠. 배가 불러도 계속 음식을 먹는다면 일단 배고픔의 신호를 점검해보세요. 내 몸의 신호에 귀 기울이는 것, 건강한 식습관의 출발이에요.

#공복감과포만감
#육체적허기와심리적허기

Q5 왜 다이어트는 항상 어려울까?
Diet

많은 경우, 체중에 대한 불만을 과식하는 자신의 의지 탓으로 돌려요. 그렇지 않아요. 과식과 폭식의 진짜 이유는 의지가 아니라 감정의 문제라는 걸 깨닫는다면, 획기적인 의식전환이 일어나요.

이제라도 다이어트를 음식이 아니라 감정의 문제로 바라보면 어떨까요? 나의 어떤 감정 때문에 자꾸 먹게 되는지를 살펴보는 거예요. 그 순간부터 식사량이 아니라 나의 감정을 들여다보기 시작한답니다. 많이 먹는 나를 탓하는 대신, 나의 감정을 살피는 것이죠. 현명한 다이어터는 음식을 조절하지 않고, 나를 음식으로 몰고 가는 감정을 조절합니다.

가장 성공률이 높은 다이어트는 지속가능한 다이어트입니다. 다이어트는 비법이 아니라 마인드가 중요한 것이죠. 음식에 빠져드려 할 때, 먹으려는 충동을 지연시키는 기술이 필요해요. 나에게 음식 대신에 다른 즐거움을 주면서 말이죠. 다이어트에서 가장 어려운 점이 '적당히' 먹는 것인데요. 생각의 유연성이 생기면 '적당히' 먹는 것이 가능해져요. 생각이 유연할수록 다이어트의 성공 확률은 높아집니다. 다이어트에 항상 실패하는 이유 중 하나가 엄격함이에요. 체중이라는 숫자에 민감한 것, 엄격한 규칙을 적용하면서 흑백논리에 휩싸이는 것, 그리고 식욕을 달래지 않고 식욕과 싸우는 것 등. 다이어트를 하는 동안 본능의 뇌(변연계)와 이성의 뇌(전전두엽)의 싸움은 계속 진행 중이에요. 다이어트를 위해 먹지 말라는 이성의 뇌와 그래도 먹고야 말겠다는 본능의 뇌가 치열하게 싸우고 있어요. 그렇다면 다이어트는 항상 고통일 수밖에 없을 거예요.

이제는 다이어트에 압박에서 벗어나면 좋겠어요. 다이어트에 대한 생각의 전환이 필요합니다. 다이어트는 무작정 음식을 참고 굶는 고통의 시간이 아니라 그

동안 외부에 빼앗겼던 심리적 에너지를 나에게 돌려주는 시간이 되어야 해요.
좋은 다이어트는 나에 대한 탐구에서 시작됩니다. 나에게 이로운 음식은 무엇
일까? 나는 왜 다이어트를 할까? 무엇이 나를 행복하게 할까? 나에게 묻고 답
하면서 나에게 더 가까이 다가가게 됩니다. 그래서 최고의 다이어트는 나 자신
과 사랑에 빠지는 거예요.

누군가를 좋아하면 보기만 해도 배부른 기분, 한번쯤 느껴봤을 거예요. 그 사람
을 생각만 해도 배가 고프지 않아요. 신기한 일이죠. 이처럼 내가 집중할 수 있
는 대상이 있으면 심리적 포만감이 생겨나요. 비밀은 도파민에 있어요. 우리 뇌
에서 '도파민'이라는 신경전달물질이 분비되면서 포만중추를 자극하게 되고, 그
러면 조금만 먹어도 포만감이 생기는 것이죠. 이렇게 내가 좋아하는 것에 집중
하면 다이어트는 저절로 가능해진답니다.

이렇듯 먹고 싶은 것을 '적당히' 먹어도 살이 빠지는 원리를 이해한다면 다이어
트가 더 이상 힘든 시간은 아닐 거예요. 다이어트는 고통의 시간이 아니라 나를
돌보는 시간이라는 의미, 이제 이해하겠죠?

#다이어트는재충전의시간
#최고의다이어트는사랑에빠지는 것

Q6 나에게 위로가 되는 음식은?
Comfort Food

평생 잊지 못할 맛이 있어요. 엄마가 정성껏 싸주셨던 도시락, 사랑하는 연인과 맛봤던 디저트, 여행지에서 혼자 먹었던 샌드위치……. 이런 음식에는 치유의 힘이 있어요. 영화 <리틀 포레스트>에서 여주인공이 엄마의 빈자리를 요리로 채워나갔던 것처럼 말이죠. 안락의자처럼 몸과 마음을 편안하게 해주는 추억의 맛. 누구나 그리운 맛이 있을 거예요. 저에게도 위로음식이 있어요. 타이트했던 의대생 시절을 견디게 해준 건, 갓 구운 빵이었어요. 베이커리 진열대 위에 갓 구운 빵이 놓이면 세상 누구보다 행복했어요. 그 촉촉하고 부드러운 빵을 한 입 떼어 먹으면 모든 걸 견딜 수 있었거든요. 위로음식(Comfort Food)이란 이런 거예요.

몸과 마음의 허기를 달래주는 음식. 위로음식은 단순히 영양소를 섭취하는 데 그치지 않아요. 혀의 미각, 코의 후각을 통해 기억의 저장소인 해마(hippocampus)에 그 맛의 감동을 전달해주죠. 마르셀 프루스트의 소설 《잃어버린 시간을 찾아서》에서 주인공이 홍차에 적신 마들렌 하나로 유년의 기억을 되찾는 것처럼 말이죠. 이러한 기억의 소환을 '프루스트 효과' 또는 '마들렌 효과'라고 부른답니다.

다이어트를 하면서 가장 큰 스트레스가 이런 위로음식을 먹을 수 없다는 거예요. 그런데 한번 생각해보죠. 위로음식까지 금지하면서 다이어트에 성공할 수 있을까요? 억압하면 폭발한다는 사실! 먹고 싶은 걸 참으면 결국 더 많이 먹게 된답니다. 어떤 분은 라면은 절대 안 된다는 생각으로 꾹 참고 참다가 결국엔 생라면을 우걱우걱 먹으며 잠들었다고 해요. 그래서 일주일에 한번은 '위로음식'으로 나를 행복하게 해주어야 해요. 다이어트 기간 중이라도 말이죠.

오늘은 실컷 먹고 내일부터는 먹지 않겠다는 생각은 실패하는 다이어트의 지름길이에요. 그런 생각은 본능의 뇌와 이성의 뇌를 싸우게 하는 다이어트 강박을 가져와요. 다이어트에 금기 음식을 떠올리는 순간, 본능의 뇌는 더 강한 집착을 가져오죠. 이를 심리학에서는 '파란 코끼리'라고 하는데요. 파란색 코끼리를 한번 머릿속에 떠올려보세요. 처음에는 '무슨 파란색 코끼리가 다 있지?' 하며 상상해볼 거예요. 그러다 어느 순간 파란 코끼리를 의도적으로 머릿속에서 지워보세요. '파란 코끼리를 생각하지 말아야지' 하고 통제하면 할수록 파란 코끼리는 점점 더 강하게 떠오르게 돼요.

다이어트 강박은 식욕을 더 자극하게 됩니다. 다이어트 스트레스를 유발하니까요. 이럴 때 위로음식으로 나에게 보상을 해주면 어떨까요? 식욕을 며칠간 꾹 참다가 또 폭발하는 요요현상을 반복해서 뭐하겠어요. 음식과 싸우지 말고 음식과 사이좋게 지내세요. 이제 위로음식이 얼마나 중요한지 알겠죠?

#잃어버린시간을찾아서
#위로음식으로힐링하기

Q7 지치고 힘들 때, 나를 위해 하는 것은?
Self-Care

피곤하다는 것은 재충전이 필요하다는 신호에요. 혹시 친구 만날 여유도 없고, 잠잘 시간도 부족하다고 느끼나요? 몸과 마음에도 충전은 필요해요. 스마트폰은 방전되면 곧바로 충전하면서 왜 나에게는 충전의 시간을 허락하지 않나요? 몸과 마음의 건강은 충분히 '충전된 뇌'에서 시작됩니다. '일하려고 쉬는 것이 아니라, 쉬려고 일하는 것이다.' 나에게 자주 이렇게 말해주세요.

토요일에도 야근을 해야 했던 그녀에게 "일 좀 줄이고 쉬세요"라고 휴식 처방을 내렸어요. 그녀는 고개를 절레절레 저으며 말했어요. "제 사정을 몰라서 그런 말 하시는 거예요. 지금 이 일 안 하면 회사에서 밀려나요." 넘쳐나는 요구, 거절할 수 없는 일들이 물론 있을 거예요. 그럴수록 휴식 시간을 먼저 떼어 놓아야 해요. 의도적으로 말이죠. 그렇지 않으면 일하는 '나'는 없어지고 '일'만 남아요. 일을 위해서도 나를 위해서도 휴식이 먼저에요. 휴식은 명령이에요.

'먼저 쉬고 그 다음에 일하기.' 그래야 더 건강해지고 일도 잘한다고 나에게 주문을 걸어보세요. 지치면 지칠수록 우리의 뇌는 배고픔을 더 예민하게 느끼게 된답니다. 피곤할수록 뭔가 먹을거리를 찾는 심리가 이 때문이에요.

나의 건강과 아름다움을 방해하는 것이 주변에 넘쳐나요. 그 중 단연 일등은 관계 스트레스죠. 압박을 주는 상사, 잔소리꾼 엄마, 무심한 남편이나 애인, 경쟁적인 직장동료 등 관계에서 받는 스트레스는 나의 건강은 물론, 외모에도 영향을 미쳐요. 알잖아요. 스트레스에 찌든 친구의 모습이 점점 어떻게 변해 가는지를. 우리 너무 '착한 여자'가 되지 말기로 해요. 원하지 않는 요구에는 단호하게 'No!'라고 말하세요. '리추얼 데이'에는 나에게 보상을 주는 의식도 잊지 말구요. 이날만큼은 외부의 수많은 요구에서 벗어나세요. 그리고 나만을 위한 시간을 가져보는 거예요. 나 자신을 아끼는 사람이 다른 사람들과도 잘 지낼 수 있어요.

'리추얼 데이'에는 어떤 약속이나 의무도 만들지 마세요. 시간의 자유를 만끽하는 거예요. 또 한 가지! 짧은 시간이라도 재충전할 수 있는 나만의 방법을 찾아보세요. 마음이 상하거나 기분이 다운될 때 분위기를 전환시킬 수 있는 방법 말이에요. 따뜻한 욕조에 몸을 담그는 모습을 상상해보세요. 아로마 향초를 켜놓고 장미 한 송이를 띄워도 좋아요. 이렇게 능동적인 라이프스타일을 만들어놓으면 아무리 바쁜 상황에서도 여유를 즐길 수 있어요. 바쁜 것이 자랑은 아니에요. 나를 위해 조금은 '이기적'이어도 괜찮다는 생각, 잊지 마세요.

셀프케어(Self-Care)는 나를 돌보는 시간이에요. 지치고 힘든 나를 위해 시간을 허락하는 거예요. 나의 셀프케어는 무엇인가요? 어렵게 생각하지 마세요. 그저 좋아하는 음악을 듣거나, 커피 한잔을 음미하는 시간도 좋아요. 집 앞 산책길을 걷거나 감동적인 영화를 보거나 전시회를 가는 것처럼 바로 실천해볼 수 있는 것들부터 시작해보세요. 식사일기에 셀프케어 'To do list'를 적고 실천하다보면 '워라벨'은 이제 남의 이야기가 아닐 거예요.

#휴식은명령이다

#셀프케어는나를위한시간

#착한여자되지않기

Q8 함께 식탁에 앉고 싶은 사람은?
Friendship

요즘 혼밥이 유행이에요. 바쁜 일상에서 같이 식사 한번 하기도 쉽지 않으니까요. 그런데 그거 아세요? 외로우면 살찐다는 사실을. 혼밥도 좋지만 가끔은 식탁친구와 함께 먹는 시간도 놓치지 마세요.

우아한 싱글 라이프를 즐기는 그녀에게 요즘 특별한 즐거움이 생겼어요. 바로 혼자 사는 사람들끼리 함께 식사하는 것. 좋아하는 사람들과 식탁친구를 만드니 일상의 활력도 생겼다는군요. 혹시 식탁친구로 초대하고 싶은 사람이 누구인가요? 행복은 추상적인 것이 아니에요. 값비싼 것도 아니죠. 좋아하는 사람과 함께 밥 먹는 것! 이것만 잘 실천해도 행복은 가까워져요. '무엇을' 먹느냐보다는 '함께' 먹는다는 사실이 우리를 더 행복하게 해주잖아요.

외로움과 폭식은 가까운 친구 사이에요. 감정적 식사에 빠지지 않기 위해서는 외로움을 잘 다룰 줄 알아야 해요. 외로움을 음식으로 잊으려고 하지 말고, 오히려 음식을 적극적으로 활용해보면 어떨까요? 바로 식탁친구를 만들어보는 거예요. 맛있는 음식은 기본이고 친구들의 수다가 곁들어지면 더 멋진 만찬이 될 거예요. 외로움의 대가가 '늘어난 살'이 아니라 '식탁친구'라면 꽤 괜찮지 않을까요?

마음속으로 이렇게 생각하는 거예요. '나는 외로움을 이렇게 풀고 있어. 내가 외로울 때 함께 밥 먹어주는 사람이 있어 참 좋다.' 내 이야기를 들어주는 친구에게 아낌없이 밥을 사주세요. 밥값보다 더 소중한 식탁친구와 함께 외로움을 잊고 심리적인 허기도 채워보세요.

주중에는 열심히 다이어트를 해놓고 주말에 폭식하는 사람들이 많아요. 혼자 지내는 시간이 많으니 음식을 친구 삼아서 외로움을 잊는 거죠. 혼자의 즐거움을 모르고 괜히 먹는 것으로 풀지 마세요. 혼자서 심심하다는 이유로 쉽게 먹는 것에 손을 대잖아요. 그리고 후회하죠. 한심한 자신을 탓하면서 하루가 야속하게 지나가버립니다.

식탁친구가 없다면 혼자만의 시간에 빠져보세요. 외로움을 즐길 수 있다면 외로움은 멋진 선물이 될 수 있어요. 혼자 있는 나를 한심하다고 여기지 말고, 그동안 소홀했던 일도 하면서 나에게 집중하는 시간으로 만들어보세요. '혼자'를 키우는 시간으로 바꾸는 거예요.

혼자서도 우아하게 보내기 프로젝트, 함께 도전해볼까요? 혼자 밥을 먹을 때도 식탁 분위기 연출하기, 비오는 날 남산 산책하기, 쉬는 날에 땀나도록 운동하기, 개장시간에 맞춰 서점에 가기 등 혼자서도 얼마든지 우아하게 보낼 수 있어요. 나와 잘 지내는 사람이 다른 사람과도 잘 지낼 수 있다는 것, 잊지 마세요.

#외로우면살찐다

#식탁친구만들기

#행복은함께밥먹는것

Q9 나는 내 몸을 긍정하고 있을까?
Body Positivity

거울 앞에 서면 나의 시선은 꼭 마음에 안 드는 곳에 머물러요. 인정받고 싶은 마음이 나를 늘 부족하다고 느끼게 만들죠. 완벽한 외모가 필요한 일을 하는 것도 아닌데, 왜 그렇게 나에게 엄격할까요? 외부의 시선에 내 몸은 자유를 잃어가고 있어요. 완벽한 몸에 대한 허상을 그리고 있죠. 미디어가 내세우는 44·55 사이즈만이 정답이 아닌데도 말이에요.

몸무게, 체형과 관계없이 자신의 몸 자체를 사랑하는 것, 이른바 '자기 몸 긍정주의(Body Positivity)'는 미국에서 시작되었어요. 있는 그대로의 나에게서 당당하게 아름다움을 찾자는 운동이죠. 그래요. 아름다움의 기준은 전적으로 나에게 있어요. 그 누구도 나의 몸을 나보다 더 잘 알 수는 없어요. 엄격한 시선이 아니라 사랑스런 시선으로 내 몸을 다시 바라보세요. 사랑하는 이를 바라보듯 나를 바라보세요. 자세히 보면 다 예쁘다고 하잖아요. 내가 놓친 내 몸의 아름다움을 꺼내보세요. 단점이라 여겼던 부분을 장점으로 전환시키는 힘, 그것도 내 안에 있어요. 내가 만족스럽지 않으면 내 몸은 더 거칠어진답니다.

날씬하고 아름다운 누군가의 모습 때문에 스트레스 받을 필요 없어요. 팔뚝살 때문에 민소매를 못 입었다면, 팔이 왜 존재하는지를 생각해보세요. 저주받은 하체라고 구박했던 허벅지도 짧은 미니스커트를 입기 위해서 존재하는 것은 아니에요. 그동안 나의 팔과 다리를 무시했다면 이제 사과할 차례예요.

자신의 몸을 구박한 것에 그녀는 사과의 편지를 썼어요. "팔아, 그동안 너를 부끄러워해서 미안해. 평생 오른손과 왼손이 얼마나 나를 위해 일을 많이 했는데, 팔뚝 두껍다고 구박한 내가 잘못했어. 앞으로 사이좋게 지내자."

볼수록 매력적인 사람이 있어요. 함께 있는 시간이 즐겁고 끝없는 상상력으로 상대를 몰입하게 만드는 사람. 매력이란 남들에게 없는 나만의 장점으로 말해요. 나를 유일하게 만드는 모든 것이 내 매력이에요. 나만의 표정, 나만의 태도, 나만의 몸, 나만의 생각……. 이런 것들이 나를 나답게 만들어줍니다. 이제 나에게도 관심을 가져주세요. 특별히 나의 몸에게도.

우리는 왜 자신만의 아름다움(Good Image)을 모르고 살까요? 주위에 넘쳐나는 왜곡된 미적 기준 때문일 거예요. 그 잘못된 이미지에 따라주지 못한 자신의 몸에 대해 지나치게 비관적인 느낌에 빠져버리는 것이죠. 요즘 여자들은 다 날씬하다는 편견, 뚱뚱한 여자는 게으르다는 편견, 예쁘면 성공한다는 편견 등이 스스로 자신의 몸을 긍정하지 못하게 만들죠.

이런 편견에 과감히 맞서기 위해서는 '용기'가 필요해요. 나를 그대로 인정할 수 있는 용기 말이죠. 내 몸을 있는 그대로 받아들이기, 나다운 모습을 가장 아름답다고 느끼기. 이런 용기가 들 때, 내 몸의 자존감은 쑥쑥 자라납니다.

이제부터 내 몸에게 좀 더 너그러워져도 되지 않을까요?

\#내몸긍정주의

\#몸에도자존감이있다

\#나만의매력을찾자

Q10 나를 충분히 사랑하고 있을까?
Self-Love

회식이나 친구들과의 식사에서 일부로 먹는 경우가 있어요. 남들이 안 먹으면 싫어할까봐, 혹은 다이어트를 알리기 싫어서 그냥 분위기에 따라 먹는 거예요. 자신의 욕구는 무시한 채 말이죠.

'착한 여자'에게 최우선은 남을 기쁘게 하는 일이에요. 내가 살이 찌더라도 남들과 어울리려면, 원치 않은 음식도 애써 먹어야 한다고 생각해요. 그러니 내가 우선순위에서 밀리게 되고 살찌는 습관에 'No!'라고 거절하지 못해요. 이런 '착한 여자 콤플렉스'에 빠지면 마음속에 강력한 비평가가 항상 다른 사람들의 인정과 사랑을 의존하게 만들어요.

착한 여자에게 필요한 건 자존감이에요. 내 몸에 좋은 음식을 선택하는 자기결정권은 남의 눈치를 보지 않는 건강한 자존감에서 시작됩니다. 나를 살찌게 만드는 음식들을 멀리 할 수 있는 자기결정권, 거절할 때와 승낙할 때를 아는 균형감, 자신에게 솔직하고 남들과도 꾸밈없이 만날 수 있는 자신감, 그리고 부족한 자신을 받아들이는 용기. 이런 것이 착한 여자에게 필요한 자존감이에요.

남자친구가 좋아하는 음식을 거절하지 못해서 늦은 밤에도 함께 먹어야 했던 20대의 그녀. 원래는 야식을 먹지 않았지만 남자친구를 만나는 날이면 야식을 먹었고, 그러는 사이 한 달 만에 체중이 10킬로그램이나 늘었어요. 무거워진 몸은 그녀의 마음도 무겁게 했어요. 늘어난 체중 때문에 남자친구와의 사이에도 이상신호가 드리워지면서 그녀에게 돌아온 건, 결국 이별이었어요. 그녀의 식사 원칙이 무너지면서 그녀는 자신을 잃고 말았어요. 이렇듯 상대와 나 사이의 경계라인을 지키지 않으면 '착함'이 착함으로 인정받지 못해요.

사람과의 관계에서 빼놓을 수 없는 것이 음식입니다. 우리는 매일 사람을 만나서 식사를 함께해요. 식사를 하는 매순간 누구랑, 어디서, 무엇을 얼마큼 먹어야할지 선택의 순간이 찾아옵니다. 그때마다 이 말을 꼭 떠올리세요. '모든 것이 가능하지만 모든 것이 내 몸에 유익하지는 않다.'

내 몸에 유익하지 못한 선택은 결국 나를 신뢰하지 못하게 만들어요. 다이어트는 나를 신뢰하는 것에서 시작해요. 나를 신뢰할 때 건강하게 살을 뺄 수 있고, 적정 체중도 유지할 수 있어요.

자존감 있는 식사의 핵심은 자기조절감과 자기결정권이에요. 내 몸에 유익한 음식을 부족하지도 넘치지도 않게 먹을 수 있는 자기조절감, 그리고 남의 눈치 없이 식사를 선택할 수 있는 자기결정권. 자존감 있는 식사는 바로 이 두 가지 능력이 있어야 합니다. 그래요 나를 사랑한다면 함부로 먹지 않는다는 걸, 이제 이해할 수 있죠? 자신을 사랑하는 여자는 '까칠하게' 먹습니다. 몸과 마음이 원하지 않는 음식은 단호하게 거절할 수 있어야 하니까요.

#착한여자는살찐다

#식탁에도자존감이필요해

#까칠하게먹자

자존감 셀프 테스트

나의 자존감은 어느 정도일까요? 오른쪽 문항들은
'나는 나 자신을 어떻게 보는가?'에 대한 자신의 생각을
나타내는 문항입니다. 자신의 생각을 잘 나타내주는
칸에 V 표시를 하세요. 그리고 표시 항목의 총점을
계산한 후 나의 자존감 상태를 점검해보세요.

나의 자존감 테스트 총점은 _____ 점

30점 이상 : 높음, 자신을 충분히 존중하고 아끼고 있습니다.
20점 이상 : 보통, 자신을 적절히 존중하고 있습니다.
19점 이하 : 낮음, 자신을 좀 더 존중하고 아껴줘야 합니다

문항	내용	대체로 그렇지 않다	보통이다	대체로 그렇다	항상 그렇다
1	나는 내가 다른 사람들처럼 가치 있는 사람이라고 생각한다.	①	②	③	④
2	나는 좋은 성품을 가졌다고 생각한다.	①	②	③	④
3	나는 대체로 성공한 사람이라고 생각한다.	①	②	③	④
4	나는 대부분의 다른 사람들과 일을 함께 잘 할 수 있다.	①	②	③	④
5	나는 자랑할 것이 별로 없다.	④	③	②	①
6	나는 내 자신에 대하여 긍정적인 태도를 가지고 있다.	①	②	③	④
7	나는 내 자신에 대하여 대체로 만족한다.	①	②	③	④
8	나는 내 자신을 존중하는 것이 부족하다.	④	③	②	①
9	나는 가끔 내 자신이 쓸모없는 사람이라는 생각이 든다.	④	③	②	①
10	나는 때때로 내가 좋지 않은 사람이라고 생각한다.	④	③	②	①

* 로젠버그 자존감 척도(1965) 참고

49일 식사일기 **2**
49 days journal of eating

년   월   일

오늘의 주된 기분은? *Mood*

기분 상태 (중복 가능)	☐ 활력	☐ 안정	☐ 긴장	☐ 피로	
	☐ 즐거움	☐ 외로움	☐ 우울	☐ 불안	☐ 분노
	기타 (	)			
스트레스 온도	1	2	3	4	5

보통 ————————————————→ 높음

나를 위한 힐링 타임은? *Self-Care*

☐ 운동　　☐ 산책　　☐ 휴식　　☐ 숙면　　☐ 스트레칭　　☐ 복식호흡

☐ 취미　　☐ 독서　　☐ 만남　　☐ 문화생활　　☐ 미니여행　　☐ 명상

기타 (　　　　　　　　　)

오늘의 마음일기는? *Quiet Time*

하루를 돌아보면서 후회하거나 아쉬운 점은?

....

....

후회하거나 아쉬운 점을 돌아보면서 나에게 해주고 싶은 말은?

....

....

식사일기

시간과 장소	공복감 수준 0 ~ 3, 숫자로 표시	식사결정 계획적 / 즉흥적	식사메뉴	식전기분	식후기분

오늘의 Eat Q.

식사를 마친 후 전반적인 몸의 느낌은?

....

....

....

오늘의 식사에서 아쉬웠던 점과 좋았던 점은?

....

....

....

오늘의 주된 기분은? *Mood*

기분 상태 (중복 가능)	☐ 활력 ☐ 안정 ☐ 긴장 ☐ 피로			
	☐ 즐거움 ☐ 외로움 ☐ 우울 ☐ 불안 ☐ 분노			
	기타 ( )			
스트레스 온도	1	2	3	4	5

보통 ────────────────────→ 높음

나를 위한 힐링 타임은? *Self-Care*

☐ 운동   ☐ 산책   ☐ 휴식   ☐ 숙면   ☐ 스트레칭   ☐ 복식호흡

☐ 취미   ☐ 독서   ☐ 만남   ☐ 문화생활   ☐ 미니여행   ☐ 명상

기타 (   )

오늘의 마음일기는? *Quiet Time*

하루를 돌아보면서 후회하거나 아쉬운 점은?

....

....

후회하거나 아쉬운 점을 돌아보면서 나에게 해주고 싶은 말은?

....

....

식사일기

시간과 장소	공복감 수준 0 ~ 3, 숫자로 표시	식사결정 계획적 / 즉흥적	식사메뉴	식전기분	식후기분

오늘의 Eat Q.

식사를 마친 후 전반적인 몸의 느낌은?

....

....

....

오늘의 식사에서 아쉬웠던 점과 좋았던 점은?

....

....

....

3

오늘의 주된 기분은? *Mood*

기분 상태 (중복 가능)	□ 활력	□ 안정	□ 긴장	□ 피로	
	□ 즐거움	□ 외로움	□ 우울	□ 불안	□ 분노
	기타 ( )				
스트레스 온도	1	2	3	4	5

보통 ───────────────────────> 높음

나를 위한 힐링 타임은? *Self-Care*

□ 운동   □ 산책   □ 휴식   □ 숙면   □ 스트레칭   □ 복식호흡
□ 취미   □ 독서   □ 만남   □ 문화생활   □ 미니여행   □ 명상
기타 ( )

오늘의 마음일기는? *Quiet Time*

하루를 돌아보면서 후회하거나 아쉬운 점은?

....

....

후회하거나 아쉬운 점을 돌아보면서 나에게 해주고 싶은 말은?

....

....

식사일기

시간과 장소	공복감 수준 0 ~ 3, 숫자로 표시	식사결정 계획적 / 즉흥적	식사메뉴	식전기분	식후기분

오늘의 Eat Q.

식사를 마친 후 전반적인 몸의 느낌은?

....

....

....

오늘의 식사에서 아쉬웠던 점과 좋았던 점은?

....

....

....

년　　　　월　　　　일

오늘의 주된 기분은? *Mood*

기분 상태 (중복 가능)	☐ 활력　☐ 안정　☐ 긴장　☐ 피로 ☐ 즐거움　☐ 외로움　☐ 우울　☐ 불안　☐ 분노 기타 (　　　　　　　　　)				
스트레스 온도	1	2	3	4	5

보통 ──────────────────────────────────⟩ 높음

나를 위한 힐링 타임은? *Self-Care*

☐ 운동　　☐ 산책　　☐ 휴식　　☐ 숙면　　☐ 스트레칭　☐ 복식호흡
☐ 취미　　☐ 독서　　☐ 만남　　☐ 문화생활　☐ 미니여행　☐ 명상
기타 (　　　　　　　　)

오늘의 마음일기는? *Quiet Time*

하루를 돌아보면서 후회하거나 아쉬운 점은?

....

....

후회하거나 아쉬운 점을 돌아보면서 나에게 해주고 싶은 말은?

....

....

식사일기

시간과 장소	공복감 수준 0 ~ 3, 숫자로 표시	식사결정 계획적 / 즉흥적	식사메뉴	식전기분	식후기분

오늘의 Eat Q.

식사를 마친 후 전반적인 몸의 느낌은?

....

....

....

오늘의 식사에서 아쉬웠던 점과 좋았던 점은?

....

....

....

5

오늘의 주된 기분은? *Mood*

기분 상태 (중복 가능)	☐ 활력	☐ 안정	☐ 긴장	☐ 피로	
	☐ 즐거움	☐ 외로움	☐ 우울	☐ 불안	☐ 분노
	기타 ( )				
스트레스 온도	1	2	3	4	5

보통 ————————————————————→ 높음

나를 위한 힐링 타임은? *Self-Care*

☐ 운동   ☐ 산책   ☐ 휴식   ☐ 숙면   ☐ 스트레칭   ☐ 복식호흡

☐ 취미   ☐ 독서   ☐ 만남   ☐ 문화생활   ☐ 미니여행   ☐ 명상

기타 ( )

오늘의 마음일기는? *Quiet Time*

하루를 돌아보면서 후회하거나 아쉬운 점은?

....

....

후회하거나 아쉬운 점을 돌아보면서 나에게 해주고 싶은 말은?

....

....

48

식사일기

시간과 장소	공복감 수준 0 ~ 3, 숫자로 표시	식사결정 계획적 / 즉흥적	식사메뉴	식전기분	식후기분

오늘의 Eat Q.

식사를 마친 후 전반적인 몸의 느낌은?

....

....

....

오늘의 식사에서 아쉬웠던 점과 좋았던 점은?

....

....

....

오늘의 주된 기분은? *Mood*

기분 상태 (중복 가능)	☐ 활력	☐ 안정	☐ 긴장	☐ 피로	
	☐ 즐거움	☐ 외로움	☐ 우울	☐ 불안	☐ 분노
	기타 ( )				
스트레스 온도	1	2	3	4	5

보통 —————————————————————————→ 높음

나를 위한 힐링 타임은? *Self-Care*

☐ 운동	☐ 산책	☐ 휴식	☐ 숙면	☐ 스트레칭	☐ 복식호흡
☐ 취미	☐ 독서	☐ 만남	☐ 문화생활	☐ 미니여행	☐ 명상

기타 (   )

오늘의 마음일기는? *Quiet Time*

하루를 돌아보면서 후회하거나 아쉬운 점은?

....

....

후회하거나 아쉬운 점을 돌아보면서 나에게 해주고 싶은 말은?

....

....

식사일기

시간과 장소	공복감 수준 0~3, 숫자로 표시	식사결정 계획적 / 즉흥적	식사메뉴	식전기분	식후기분

오늘의 Eat Q.

식사를 마친 후 전반적인 몸의 느낌은?

....

....

....

오늘의 식사에서 아쉬웠던 점과 좋았던 점은?

....

....

....

7

오늘의 주된 기분은? *Mood*

기분 상태 (중복 가능)	☐ 활력 ☐ 안정 ☐ 긴장 ☐ 피로			
	☐ 즐거움 ☐ 외로움 ☐ 우울 ☐ 불안 ☐ 분노			
	기타 ( )			
스트레스 온도	1	2	3	4	5

보통 ―――――――――――――――――――→ 높음

나를 위한 힐링 타임은? *Self-Care*

☐ 운동   ☐ 산책   ☐ 휴식   ☐ 숙면   ☐ 스트레칭   ☐ 복식호흡

☐ 취미   ☐ 독서   ☐ 만남   ☐ 문화생활   ☐ 미니여행   ☐ 명상

기타 (   )

오늘의 마음일기는? *Quiet Time*

하루를 돌아보면서 후회하거나 아쉬운 점은?

후회하거나 아쉬운 점을 돌아보면서 나에게 해주고 싶은 말은?

식사일기

시간과 장소	공복감 수준 0 ~ 3, 숫자로 표시	식사결정 계획적 / 즉흥적	식사메뉴	식전기분	식후기분

오늘의 Eat Q.

식사를 마친 후 전반적인 몸의 느낌은?

....

....

....

오늘의 식사에서 아쉬웠던 점과 좋았던 점은?

....

....

....

1ˢᵗ Week Review

식사일기 첫 주 시작! 과거에 실패했던 다이어트는 지금부터 잊으세요. 지금, 여기에 집중해보세요. 어제 먹은 음식이 하나도 기억이 안 난다고요? 식사일기를 매일 적다보면 음식을 생각 없이 먹는 일은 점점 줄어들 거예요. 앞으로 7주 동안 식사일기를 꾸준히 써보세요. 식사일기를 통해서 내가 어떤 사람인지 보이게 될 거예요.

식습관에는 나의 라이프스타일이 담겨 있어요. 내가 누구랑 어디서 무엇을, 어떻게 먹었는지 하루 일과를 한눈에 볼 수 있어요. 식사일기를 어렵게 생각할 필요 없어요. 어쩌다 한두 번 빼먹을 수 있어요. 그렇더라도 식사일기를 놓지 않고 끝까지 써보세요. 이번이야말로 나의 식사 패턴을 돌아볼 수 있는 좋은 기회에요.

지난 일주일의 식사일기를 돌아보고 다음 질문에 답해보세요.

1. 식사는 거르지 않고 규칙적으로 먹는 편인가요?

2. 혹시 과식이나 폭식을 경험한 적이 있나요? 그럴 때는 어떤 감정 상태였나요?

지난 일주일의 라이프스타일을 돌아보고 다음 질문에 답해보세요.

1. 몸을 움직이면서 느꼈던 점을 적어보세요.
   (계단 오르기를 하고 나서 숨이 얼마나 찼는지, 기분은 어땠는지, 산책을 하면서 숨을 들이마실 때
   기분 등)

2. 숙면은 잘 취하고 있나요?
   (잠자는 시간은 일정한지, 잠을 자고 나면 개운한지, 잠이 들기까지 얼마나 걸리는지, 중간에 종종
   깨는지 등)

8

오늘의 주된 기분은? *Mood*

기분 상태 (중복 가능)	☐ 활력	☐ 안정	☐ 긴장	☐ 피로	
	☐ 즐거움	☐ 외로움	☐ 우울	☐ 불안	☐ 분노
	기타 ( )				
스트레스 온도	1	2	3	4	5

보통 ────────────────────────────→ 높음

나를 위한 힐링 타임은? *Self-Care*

☐ 운동   ☐ 산책   ☐ 휴식   ☐ 숙면   ☐ 스트레칭   ☐ 복식호흡

☐ 취미   ☐ 독서   ☐ 만남   ☐ 문화생활   ☐ 미니여행   ☐ 명상

기타 ( )

오늘의 마음일기는? *Quiet Time*

하루를 돌아보면서 후회하거나 아쉬운 점은?

....

....

후회하거나 아쉬운 점을 돌아보면서 나에게 해주고 싶은 말은?

....

....

식사일기

시간과 장소	공복감 수준 0 ~ 3, 숫자로 표시	식사결정 계획적 / 즉흥적	식사메뉴	식전기분	식후기분

오늘의 Eat Q.

식사를 마친 후 전반적인 몸의 느낌은?

오늘의 식사에서 아쉬웠던 점과 좋았던 점은?

년   월   일

오늘의 주된 기분은? *Mood*

기분 상태 (중복 가능)	☐ 활력 ☐ 안정 ☐ 긴장 ☐ 피로			
	☐ 즐거움 ☐ 외로움 ☐ 우울 ☐ 불안 ☐ 분노			
	기타 ( )			
스트레스 온도	1	2	3	4	5

보통 ──────────────────────→ 높음

나를 위한 힐링 타임은? *Self-Care*

☐ 운동   ☐ 산책   ☐ 휴식   ☐ 숙면   ☐ 스트레칭   ☐ 복식호흡

☐ 취미   ☐ 독서   ☐ 만남   ☐ 문화생활   ☐ 미니여행   ☐ 명상

기타 (   )

오늘의 마음일기는? *Quiet Time*

하루를 돌아보면서 후회하거나 아쉬운 점은?

....

....

후회하거나 아쉬운 점을 돌아보면서 나에게 해주고 싶은 말은?

....

....

식사일기

시간과 장소	공복감 수준 0 ~ 3, 숫자로 표시	식사결정 계획적 / 즉흥적	식사메뉴	식전기분	식후기분

오늘의 Eat Q.

식사를 마친 후 전반적인 몸의 느낌은?

오늘의 식사에서 아쉬웠던 점과 좋았던 점은?

년   월   일

오늘의 주된 기분은? *Mood*

기분 상태 (중복 가능)	☐ 활력	☐ 안정	☐ 긴장	☐ 피로	
	☐ 즐거움	☐ 외로움	☐ 우울	☐ 불안	☐ 분노
	기타 ( )				
스트레스 온도	1	2	3	4	5

보통 ————————————————————————→ 높음

나를 위한 힐링 타임은? *Self-Care*

☐ 운동   ☐ 산책   ☐ 휴식   ☐ 숙면   ☐ 스트레칭   ☐ 복식호흡

☐ 취미   ☐ 독서   ☐ 만남   ☐ 문화생활   ☐ 미니여행   ☐ 명상

기타 ( )

오늘의 마음일기는? *Quiet Time*

하루를 돌아보면서 후회하거나 아쉬운 점은?

....

....

후회하거나 아쉬운 점을 돌아보면서 나에게 해주고 싶은 말은?

....

....

식사일기

시간과 장소	공복감 수준 0 ~ 3, 숫자로 표시	식사결정 계획적 / 즉흥적	식사메뉴	식전기분	식후기분

오늘의 Eat Q.

식사를 마친 후 전반적인 몸의 느낌은?

오늘의 식사에서 아쉬웠던 점과 좋았던 점은?

오늘의 주된 기분은? *Mood*

기분 상태 (중복 가능)	☐ 활력 ☐ 안정 ☐ 긴장 ☐ 피로 ☐ 즐거움 ☐ 외로움 ☐ 우울 ☐ 불안 ☐ 분노 기타 ( )				
스트레스 온도	1	2	3	4	5

보통 　　　　　　　　　　　　　　　　　　　　　　　 ⟩ 높음

나를 위한 힐링 타임은? *Self-Care*

☐ 운동　　☐ 산책　　☐ 휴식　　☐ 숙면　　☐ 스트레칭　　☐ 복식호흡

☐ 취미　　☐ 독서　　☐ 만남　　☐ 문화생활　　☐ 미니여행　　☐ 명상

기타 (   )

오늘의 마음일기는? *Quiet Time*

하루를 돌아보면서 후회하거나 아쉬운 점은?

후회하거나 아쉬운 점을 돌아보면서 나에게 해주고 싶은 말은?

식사일기

시간과 장소	공복감 수준 0 ~ 3, 숫자로 표시	식사결정 계획적 / 즉흥적	식사메뉴	식전기분	식후기분

오늘의 Eat Q.

식사를 마친 후 전반적인 몸의 느낌은?

....

....

....

오늘의 식사에서 아쉬웠던 점과 좋았던 점은?

....

....

....

12

오늘의 주된 기분은? *Mood*

기분 상태 (중복 가능)	☐ 활력 ☐ 안정 ☐ 긴장 ☐ 피로			
	☐ 즐거움 ☐ 외로움 ☐ 우울 ☐ 불안 ☐ 분노			
	기타 ( )			
스트레스 온도	1	2	3	4	5

보통　　　　　　　　　　　　　　　＞ 높음

나를 위한 힐링 타임은? *Self-Care*

☐ 운동　　☐ 산책　　☐ 휴식　　☐ 숙면　　☐ 스트레칭　　☐ 복식호흡

☐ 취미　　☐ 독서　　☐ 만남　　☐ 문화생활　　☐ 미니여행　　☐ 명상

기타 (   )

오늘의 마음일기는? *Quiet Time*

하루를 돌아보면서 후회하거나 아쉬운 점은?

후회하거나 아쉬운 점을 돌아보면서 나에게 해주고 싶은 말은?

식사일기

시간과 장소	공복감 수준 0 ~ 3, 숫자로 표시	식사결정 계획적 / 즉흥적	식사메뉴	식전기분	식후기분

오늘의 Eat Q.

식사를 마친 후 전반적인 몸의 느낌은?

....

....

....

오늘의 식사에서 아쉬웠던 점과 좋았던 점은?

....

....

....

년   월   일

오늘의 주된 기분은? *Mood*

기분 상태 (중복 가능)	☐ 활력	☐ 안정	☐ 긴장	☐ 피로	
	☐ 즐거움	☐ 외로움	☐ 우울	☐ 불안	☐ 분노
	기타 ( )				
스트레스 온도	1	2	3	4	5

보통 ──────────────────────→ 높음

나를 위한 힐링 타임은? *Self-Care*

☐ 운동	☐ 산책	☐ 휴식	☐ 숙면	☐ 스트레칭	☐ 복식호흡
☐ 취미	☐ 독서	☐ 만남	☐ 문화생활	☐ 미니여행	☐ 명상

기타 ( )

오늘의 마음일기는? *Quiet Time*

하루를 돌아보면서 후회하거나 아쉬운 점은?

....

....

후회하거나 아쉬운 점을 돌아보면서 나에게 해주고 싶은 말은?

....

....

식사일기

시간과 장소	공복감 수준 0 ~ 3, 숫자로 표시	식사결정 계획적 / 즉흥적	식사메뉴	식전기분	식후기분

오늘의 Eat Q.

식사를 마친 후 전반적인 몸의 느낌은?

오늘의 식사에서 아쉬웠던 점과 좋았던 점은?

년   월   일

오늘의 주된 기분은? *Mood*

기분 상태 (중복 가능)	☐ 활력	☐ 안정	☐ 긴장	☐ 피로	
	☐ 즐거움	☐ 외로움	☐ 우울	☐ 불안	☐ 분노
	기타 ( )				
스트레스 온도	1	2	3	4	5

보통   ⟩ 높음

나를 위한 힐링 타임은? *Self-Care*

☐ 운동	☐ 산책	☐ 휴식	☐ 숙면	☐ 스트레칭	☐ 복식호흡
☐ 취미	☐ 독서	☐ 만남	☐ 문화생활	☐ 미니여행	☐ 명상

기타 (   )

오늘의 마음일기는? *Quiet Time*

하루를 돌아보면서 후회하거나 아쉬운 점은?

후회하거나 아쉬운 점을 돌아보면서 나에게 해주고 싶은 말은?

식사일기

시간과 장소	공복감 수준 0~3, 숫자로 표시	식사결정 계획적 / 즉흥적	식사메뉴	식전기분	식후기분

오늘의 Eat Q.

식사를 마친 후 전반적인 몸의 느낌은?

오늘의 식사에서 아쉬웠던 점과 좋았던 점은?

2nd Week Review

식사일기 2주차, 아직은 변화를 잘 모르겠다고요? 걱정하지 마세요. 운동을 시작하면서 처음 한 달은 꾸준히 실천하는 게 중요합니다. 식사일기도 마찬가지. 이제는 '빨리빨리'가 아니라 '서서히'에 익숙해져야 해요. 빨리 만든 근육보다 서서히 만든 근육이 더 오래가고 단단합니다.

우리의 몸과 마음도 근육과 같아요. 식사일기를 매일 쓰게 되면 몸과 마음의 근육을 단단하게 만들어갈 수 있어요. 식사일기로 나의 라이프스타일을 건강하게 세팅해보세요. 다이어트의 성공은 마음을 바꾸는 심리학적 기술도 중요하지만, 일상을 건강하게 배치하는 습관도 중요합니다.

지난 일주일의 식사일기를 돌아보고 다음 질문에 답해보세요.

1. 하루에 식사는 몇 번쯤 하나요? 식사 시간, 식사횟수, 식사량, 식사속도 등 나의
   식사 행동패턴을 떠올려보세요.
   (예: 하루에 두 끼의 식사를 아침과 점심에 먹는다. 식사속도는 좀 빠른 편이다)

----

2. 포만감이 어느 정도일 때 식사를 마치나요?
   (예: 배가 부를 때까지 먹는 편이다. 혹은 배가 고프지 않을 정도만 먹는다)

지난 일주일의 라이프스타일을 돌아보고 다음 질문에 답해보세요.

1. 요즘 운동을 하고 있나요? 운동을 하면서 좋았던 점을 적어보세요.
   (예: 복근운동을 한 후 탄탄해진 복부)

----

2. 내 몸을 잘 살펴보고 마음에 안 드는 부분을 적어보세요. 그런 다음, 내가 원하
   는 나의 몸을 상상해보세요.
   (예: 두꺼운 팔뚝살. 여성적인 실루엣이 살아 있는 바디라인)

오늘의 주된 기분은? *Mood*

기분 상태 (중복 가능)	☐ 활력	☐ 안정	☐ 긴장	☐ 피로	
	☐ 즐거움	☐ 외로움	☐ 우울	☐ 불안	☐ 분노
	기타 ( )				
스트레스 온도	1	2	3	4	5
	보통				높음

나를 위한 힐링 타임은? *Self-Care*

☐ 운동   ☐ 산책   ☐ 휴식   ☐ 숙면   ☐ 스트레칭   ☐ 복식호흡

☐ 취미   ☐ 독서   ☐ 만남   ☐ 문화생활   ☐ 미니여행   ☐ 명상

기타 ( )

오늘의 마음일기는? *Quiet Time*

하루를 돌아보면서 후회하거나 아쉬운 점은?

....

....

후회하거나 아쉬운 점을 돌아보면서 나에게 해주고 싶은 말은?

....

....

식사일기

시간과 장소	공복감 수준 0 ~ 3, 숫자로 표시	식사결정 계획적 / 즉흥적	식사메뉴	식전기분	식후기분

오늘의 Eat Q.

식사를 마친 후 전반적인 몸의 느낌은?

오늘의 식사에서 아쉬웠던 점과 좋았던 점은?

16

오늘의 주된 기분은? *Mood*

기분 상태 (중복 가능)	☐ 활력 ☐ 안정 ☐ 긴장 ☐ 피로 ☐ 즐거움 ☐ 외로움 ☐ 우울 ☐ 불안 ☐ 분노 기타 ( )				
스트레스 온도	1	2	3	4	5

보통   ⟩ 높음

나를 위한 힐링 타임은? *Self-Care*

☐ 운동   ☐ 산책   ☐ 휴식   ☐ 숙면   ☐ 스트레칭   ☐ 복식호흡

☐ 취미   ☐ 독서   ☐ 만남   ☐ 문화생활   ☐ 미니여행   ☐ 명상

기타 (   )

오늘의 마음일기는? *Quiet Time*

하루를 돌아보면서 후회하거나 아쉬운 점은?

....

....

후회하거나 아쉬운 점을 돌아보면서 나에게 해주고 싶은 말은?

....

....

식사일기

시간과 장소	공복감 수준 0 ~ 3, 숫자로 표시	식사결정 계획적 / 즉흥적	식사메뉴	식전기분	식후기분

오늘의 Eat Q.

식사를 마친 후 전반적인 몸의 느낌은?

....

....

....

오늘의 식사에서 아쉬웠던 점과 좋았던 점은?

....

....

....

오늘의 주된 기분은? *Mood*

기분 상태 (중복 가능)	☐ 활력	☐ 안정	☐ 긴장	☐ 피로	
	☐ 즐거움	☐ 외로움	☐ 우울	☐ 불안	☐ 분노
	기타 ( )				
스트레스 온도	1	2	3	4	5
	보통				〉 높음

나를 위한 힐링 타임은? *Self-Care*

☐ 운동   ☐ 산책   ☐ 휴식   ☐ 숙면   ☐ 스트레칭   ☐ 복식호흡

☐ 취미   ☐ 독서   ☐ 만남   ☐ 문화생활   ☐ 미니여행   ☐ 명상

기타 ( )

오늘의 마음일기는? *Quiet Time*

하루를 돌아보면서 후회하거나 아쉬운 점은?

....

....

후회하거나 아쉬운 점을 돌아보면서 나에게 해주고 싶은 말은?

....

....

식사일기

시간과 장소	공복감 수준 0 ~ 3, 숫자로 표시	식사결정 계획적 / 즉흥적	식사메뉴	식전기분	식후기분

오늘의 Eat Q.

식사를 마친 후 전반적인 몸의 느낌은?

오늘의 식사에서 아쉬웠던 점과 좋았던 점은?

년   월   일

오늘의 주된 기분은? *Mood*

기분 상태 (중복 가능)	☐ 활력	☐ 안정	☐ 긴장	☐ 피로	
	☐ 즐거움	☐ 외로움	☐ 우울	☐ 불안	☐ 분노
	기타 (		)		
스트레스 온도	1	2	3	4	5

보통   〉 높음

나를 위한 힐링 타임은? *Self-Care*

☐ 운동	☐ 산책	☐ 휴식	☐ 숙면	☐ 스트레칭	☐ 복식호흡
☐ 취미	☐ 독서	☐ 만남	☐ 문화생활	☐ 미니여행	☐ 명상

기타 (   )

오늘의 마음일기는? *Quiet Time*

하루를 돌아보면서 후회하거나 아쉬운 점은?

....

....

후회하거나 아쉬운 점을 돌아보면서 나에게 해주고 싶은 말은?

....

....

식사일기

시간과 장소	공복감 수준 0 ~ 3, 숫자로 표시	식사결정 계획적 / 즉흥적	식사메뉴	식전기분	식후기분

오늘의 Eat Q.

식사를 마친 후 전반적인 몸의 느낌은?

오늘의 식사에서 아쉬웠던 점과 좋았던 점은?

오늘의 주된 기분은? *Mood*

기분 상태 (중복 가능)	☐ 활력 ☐ 안정 ☐ 긴장 ☐ 피로 ☐ 즐거움 ☐ 외로움 ☐ 우울 ☐ 불안 ☐ 분노 기타 ( )				
스트레스 온도	1	2	3	4	5

보통   〉높음

나를 위한 힐링 타임은? *Self-Care*

☐ 운동   ☐ 산책   ☐ 휴식   ☐ 숙면   ☐ 스트레칭   ☐ 복식호흡

☐ 취미   ☐ 독서   ☐ 만남   ☐ 문화생활   ☐ 미니여행   ☐ 명상

기타 (   )

오늘의 마음일기는? *Quiet Time*

하루를 돌아보면서 후회하거나 아쉬운 점은?

....

....

후회하거나 아쉬운 점을 돌아보면서 나에게 해주고 싶은 말은?

....

....

식사일기

시간과 장소	공복감 수준 0 ~ 3, 숫자로 표시	식사결정 계획적 / 즉흥적	식사메뉴	식전기분	식후기분

오늘의 Eat Q.

식사를 마친 후 전반적인 몸의 느낌은?

....

....

....

오늘의 식사에서 아쉬웠던 점과 좋았던 점은?

....

....

....

오늘의 주된 기분은? *Mood*

기분 상태 (중복 가능)	☐ 활력 ☐ 안정 ☐ 긴장 ☐ 피로 ☐ 즐거움 ☐ 외로움 ☐ 우울 ☐ 불안 ☐ 분노 기타 ( )				
스트레스 온도	1	2	3	4	5

보통   〉 높음

나를 위한 힐링 타임은? *Self-Care*

☐ 운동   ☐ 산책   ☐ 휴식   ☐ 숙면   ☐ 스트레칭   ☐ 복식호흡

☐ 취미   ☐ 독서   ☐ 만남   ☐ 문화생활   ☐ 미니여행   ☐ 명상

기타 (   )

오늘의 마음일기는? *Quiet Time*

하루를 돌아보면서 후회하거나 아쉬운 점은?

....

....

후회하거나 아쉬운 점을 돌아보면서 나에게 해주고 싶은 말은?

....

....

식사일기

시간과 장소	공복감 수준 0 ~ 3, 숫자로 표시	식사결정 계획적 / 즉흥적	식사메뉴	식전기분	식후기분

오늘의 Eat Q.

식사를 마친 후 전반적인 몸의 느낌은?

....

....

....

오늘의 식사에서 아쉬웠던 점과 좋았던 점은?

....

....

....

년   월   일

오늘의 주된 기분은? *Mood*

기분 상태 (중복 가능)	☐ 활력 ☐ 안정 ☐ 긴장 ☐ 피로				
	☐ 즐거움	☐ 외로움	☐ 우울	☐ 불안	☐ 분노
	기타 (	)			
스트레스 온도	1	2	3	4	5

보통   〉높음

나를 위한 힐링 타임은? *Self-Care*

☐ 운동   ☐ 산책   ☐ 휴식   ☐ 숙면   ☐ 스트레칭   ☐ 복식호흡

☐ 취미   ☐ 독서   ☐ 만남   ☐ 문화생활   ☐ 미니여행   ☐ 명상

기타 (   )

오늘의 마음일기는? *Quiet Time*

하루를 돌아보면서 후회하거나 아쉬운 점은?

후회하거나 아쉬운 점을 돌아보면서 나에게 해주고 싶은 말은?

식사일기

시간과 장소	공복감 수준 0 ~ 3, 숫자로 표시	식사결정 계획적 / 즉흥적	식사메뉴	식전기분	식후기분

오늘의 Eat Q.

식사를 마친 후 전반적인 몸의 느낌은?

....

....

....

오늘의 식사에서 아쉬웠던 점과 좋았던 점은?

....

....

....

3rd Week Review

식사일기 3주차, 벌써 20일이 지났어요. 식사일기에는 나의 식생활 모습이 어떻게 담겨 있을까요? 평소에는 건강한 식습관을 잘 유지하다가 어느 날은 망치는 날도 있을 거예요. 한번 먹고 싶은 것에 사로잡히면 그 후에는 '에라 모르겠다. 오늘은 먹는 날!' 하면서요. 과식을 한 후 꼬리표처럼 밀려드는 감정은 후회와 참담함이에요. 그래도 너무 자책하지 않기. 다시 시작하면 됩니다.

평소 체중을 잘 유지하는 사람들의 식사 습관을 살펴보면 식사량이 항상 일정해요. 자신에게 '적당한 식사량'을 정확히 알고 먹습니다. 다이어트에서 가장 어려운 것이 바로 '적당히 먹기'에요. 적당한 양 이상을 먹고 싶다면, 가짜 식욕을 의심해보세요. 먹고 싶지 않은데도 자꾸 먹게 만드는 가짜 식욕, 여기에 속지 말기로 해요.

지난 일주일의 식사일기를 돌아보고 다음 질문에 답해보세요.

1. 배고프지 않은데도 먹게 되는 날이 있나요? 나에게 '적당히 먹기'란 어느 정도
   의 양을 말하는지 생각해보세요.
   (예: 심심하거나 지루할 때 뭔가 먹고 싶다. 밥 한 공기가 적당한 양)

....

....

2. 가짜 식욕에 속아서 먹게 되는 경우, 그 감정들을 자세히 묘사해보세요. 감정적
   먹기가 나에게 주는 메시지가 있을 거예요. 그것을 찾아내보세요.
   (예: 화났을 때, 먹으면서 기분을 푼다)

....

....

지난 일주일의 라이프스타일을 돌아보고 다음 질문에 답해보세요.

1. 가짜 식욕이 올라올 때 바로 반응하지 않기 위해서 대체행동 목록을 정리해보세요.
   (예: 목욕하기, 가볍게 산책하기, 친구와 통화하기 등)

....

....

2. 다이어트에 실패했을 때, 주로 어떤 생각이 들었나요?
   (예: 오늘은 망했으니 그냥 먹자가 아니라 한 끼를 실패했으니 내일은 좀 적게 먹자)

....

....

년   월   일

오늘의 주된 기분은? *Mood*

기분 상태 (중복 가능)	☐ 활력	☐ 안정	☐ 긴장	☐ 피로	
	☐ 즐거움	☐ 외로움	☐ 우울	☐ 불안	☐ 분노
	기타 ( )				
스트레스 온도	1	2	3	4	5

보통   › 높음

나를 위한 힐링 타임은? *Self-Care*

☐ 운동   ☐ 산책   ☐ 휴식   ☐ 숙면   ☐ 스트레칭   ☐ 복식호흡

☐ 취미   ☐ 독서   ☐ 만남   ☐ 문화생활   ☐ 미니여행   ☐ 명상

기타 (   )

오늘의 마음일기는? *Quiet Time*

하루를 돌아보면서 후회하거나 아쉬운 점은?

후회하거나 아쉬운 점을 돌아보면서 나에게 해주고 싶은 말은?

식사일기

시간과 장소	공복감 수준 0 ~ 3, 숫자로 표시	식사결정 계획적 / 즉흥적	식사메뉴	식전기분	식후기분

오늘의 Eat Q.

식사를 마친 후 전반적인 몸의 느낌은?

오늘의 식사에서 아쉬웠던 점과 좋았던 점은?

년   월   일

오늘의 주된 기분은? *Mood*

기분 상태 (중복 가능)	☐ 활력 ☐ 안정 ☐ 긴장 ☐ 피로 ☐ 즐거움 ☐ 외로움 ☐ 우울 ☐ 불안 ☐ 분노 기타 ( )			
스트레스 온도	1	2	3	4	5

보통   〉 높음

나를 위한 힐링 타임은? *Self-Care*

☐ 운동   ☐ 산책   ☐ 휴식   ☐ 숙면   ☐ 스트레칭   ☐ 복식호흡
☐ 취미   ☐ 독서   ☐ 만남   ☐ 문화생활   ☐ 미니여행   ☐ 명상
기타 (   )

오늘의 마음일기는? *Quiet Time*

하루를 돌아보면서 후회하거나 아쉬운 점은?

....

....

후회하거나 아쉬운 점을 돌아보면서 나에게 해주고 싶은 말은?

....

....

식사일기

시간과 장소	공복감 수준 0 ~ 3, 숫자로 표시	식사결정 계획적 / 즉흥적	식사메뉴	식전기분	식후기분

오늘의 Eat Q.

식사를 마친 후 전반적인 몸의 느낌은?

....

....

....

오늘의 식사에서 아쉬웠던 점과 좋았던 점은?

....

....

....

24

오늘의 주된 기분은? *Mood*

기분 상태 (중복 가능)	☐ 활력 　 ☐ 안정 　 ☐ 긴장 　 ☐ 피로 ☐ 즐거움 　 ☐ 외로움 　 ☐ 우울 　 ☐ 불안 　 ☐ 분노 기타 (　　　　　　)				
스트레스 온도	1	2	3	4	5

보통 　　　　　　　　　　　　　　　　　　　　　 〉 높음

나를 위한 힐링 타임은? *Self-Care*

☐ 운동 　　 ☐ 산책 　　 ☐ 휴식 　　 ☐ 숙면 　　 ☐ 스트레칭 　 ☐ 복식호흡

☐ 취미 　　 ☐ 독서 　　 ☐ 만남 　　 ☐ 문화생활 　 ☐ 미니여행 　 ☐ 명상

기타 (　　　　　　　)

오늘의 마음일기는? *Quiet Time*

하루를 돌아보면서 후회하거나 아쉬운 점은?

....

....

후회하거나 아쉬운 점을 돌아보면서 나에게 해주고 싶은 말은?

....

....

식사일기

시간과 장소	공복감 수준 0 ~ 3, 숫자로 표시	식사결정 계획적 / 즉흥적	식사메뉴	식전기분	식후기분

오늘의 Eat Q.

식사를 마친 후 전반적인 몸의 느낌은?

....

....

....

오늘의 식사에서 아쉬웠던 점과 좋았던 점은?

....

....

....

25

오늘의 주된 기분은? *Mood*

기분 상태 (중복 가능)	☐ 활력	☐ 안정	☐ 긴장	☐ 피로	
	☐ 즐거움	☐ 외로움	☐ 우울	☐ 불안	☐ 분노
	기타 (		)		
스트레스 온도	1	2	3	4	5

보통   〉 높음

나를 위한 힐링 타임은? *Self-Care*

☐ 운동　　☐ 산책　　☐ 휴식　　☐ 숙면　　☐ 스트레칭　☐ 복식호흡

☐ 취미　　☐ 독서　　☐ 만남　　☐ 문화생활　☐ 미니여행　☐ 명상

기타 (　　　　　　　　)

오늘의 마음일기는? *Quiet Time*

하루를 돌아보면서 후회하거나 아쉬운 점은?

....

....

후회하거나 아쉬운 점을 돌아보면서 나에게 해주고 싶은 말은?

....

....

식사일기

시간과 장소	공복감 수준 0~3, 숫자로 표시	식사결정 계획적 / 즉흥적	식사메뉴	식전기분	식후기분

오늘의 Eat Q.

식사를 마친 후 전반적인 몸의 느낌은?

오늘의 식사에서 아쉬웠던 점과 좋았던 점은?

26

오늘의 주된 기분은? *Mood*

기분 상태 (중복 가능)	☐ 활력	☐ 안정	☐ 긴장	☐ 피로	
	☐ 즐거움	☐ 외로움	☐ 우울	☐ 불안	☐ 분노
	기타 ( )				
스트레스 온도	1	2	3	4	5

보통   높음

나를 위한 힐링 타임은? *Self-Care*

☐ 운동   ☐ 산책   ☐ 휴식   ☐ 숙면   ☐ 스트레칭   ☐ 복식호흡

☐ 취미   ☐ 독서   ☐ 만남   ☐ 문화생활   ☐ 미니여행   ☐ 명상

기타 ( )

오늘의 마음일기는? *Quiet Time*

하루를 돌아보면서 후회하거나 아쉬운 점은?

후회하거나 아쉬운 점을 돌아보면서 나에게 해주고 싶은 말은?

식사일기

시간과 장소	공복감 수준 0 ~ 3, 숫자로 표시	식사결정 계획적 / 즉흥적	식사메뉴	식전기분	식후기분

오늘의 Eat Q.

식사를 마친 후 전반적인 몸의 느낌은?

....

....

....

오늘의 식사에서 아쉬웠던 점과 좋았던 점은?

....

....

....

년   월   일

오늘의 주된 기분은? *Mood*

기분 상태 (중복 가능)	☐ 활력	☐ 안정	☐ 긴장	☐ 피로	
	☐ 즐거움	☐ 외로움	☐ 우울	☐ 불안	☐ 분노
	기타 ( )				
스트레스 온도	1	2	3	4	5
	보통				〉 높음

나를 위한 힐링 타임은? *Self-Care*

☐ 운동   ☐ 산책   ☐ 휴식   ☐ 숙면   ☐ 스트레칭   ☐ 복식호흡

☐ 취미   ☐ 독서   ☐ 만남   ☐ 문화생활   ☐ 미니여행   ☐ 명상

기타 ( )

오늘의 마음일기는? *Quiet Time*

하루를 돌아보면서 후회하거나 아쉬운 점은?

....

....

후회하거나 아쉬운 점을 돌아보면서 나에게 해주고 싶은 말은?

....

....

식사일기

시간과 장소	공복감 수준 0 ~ 3, 숫자로 표시	식사결정 계획적 / 즉흥적	식사메뉴	식전기분	식후기분

오늘의 Eat Q.

식사를 마친 후 전반적인 몸의 느낌은?

오늘의 식사에서 아쉬웠던 점과 좋았던 점은?

오늘의 주된 기분은? *Mood*

기분 상태 (중복 가능)	☐ 활력	☐ 안정	☐ 긴장	☐ 피로	
	☐ 즐거움	☐ 외로움	☐ 우울	☐ 불안	☐ 분노
	기타 ( )				
스트레스 온도	1	2	3	4	5

보통   〉높음

나를 위한 힐링 타임은? *Self-Care*

☐ 운동   ☐ 산책   ☐ 휴식   ☐ 숙면   ☐ 스트레칭   ☐ 복식호흡

☐ 취미   ☐ 독서   ☐ 만남 ·   ☐ 문화생활   ☐ 미니여행   ☐ 명상

기타 (   )

오늘의 마음일기는? *Quiet Time*

하루를 돌아보면서 후회하거나 아쉬운 점은?

....

....

후회하거나 아쉬운 점을 돌아보면서 나에게 해주고 싶은 말은?

....

....

식사일기

시간과 장소	공복감 수준 0 ~ 3, 숫자로 표시	식사결정 계획적 / 즉흥적	식사메뉴	식전기분	식후기분

오늘의 Eat Q.

식사를 마친 후 전반적인 몸의 느낌은?

오늘의 식사에서 아쉬웠던 점과 좋았던 점은?

4ᵗʰ Week Review

식사일기 4주차, 이제 중간 지점에 와 있어요. 지금쯤이면 식사일기를 안 쓰면 뭔가 허전할 것 같죠? 먹기 전과 먹고 난 후, 나를 돌아보는 시간은 생각만큼 어렵지 않아요. 식사일기를 통해서 나에 대해 집중적으로 느껴보는 건, 멋진 습관입니다.

식사일기를 쓰기 전에는 배고픔의 신호가 오면 먹을 것부터 찾았을 거예요. 정말 배가 고픈 건지, 마음이 고픈 건지 구별하기 어려웠으니까요. 배고픔을 10분만 참고 기다려보세요. 어떤 경우 배고픔이 금세 사라지기도 해요. 가짜 배고픔인 거예요. 일부러 먹어서 배부른 상태가 되지 않으려면, 이러한 몸의 신호를 잘 알아야 합니다. 내 몸에 귀 기울이는 연습, 정말 흥미롭지 않나요? 한 번이 어렵지, 익숙해지면 내 몸과 가깝게 지낼 수 있어요.

지난 일주일의 식사일기를 돌아보고 다음 질문에 답해보세요.

1. 나에게 포만감이란 무엇일까요? 포만감을 느끼는데도 계속 먹는 경우는 언제인가요?

   (예: 배가 부르지 않을 만큼의 양. 회식이나 여러 사람들과 함께 먹는 경우 포만감 이상을 먹는다)

2. 기분 좋게 천천히 식사하기 위해서 나만의 식사 리추얼이 있다면 그 목록을 적어보세요.

   (예: 식사 기도, 명상, 예쁜 식기들, 향기 나는 향초, 분위기 있는 조명, 함께 먹는 사람들)

지난 일주일의 라이프스타일을 돌아보고 다음 질문에 답해보세요.

1. 내 몸에 좋은 음식을 선택하기 위해서 장보기를 해보세요. 장보기 전에 식재료를 기록해보세요.

   (예: 채소카레 만들기. 당근, 양파, 감자, 닭가슴살, 강황 등)

2. 천천히 맛을 느끼면서 먹기 위해서 어떤 노력이 필요한지 적어보세요.

   (예: 모래시계를 이용하여 20분간 천천히 먹는다)

29

오늘의 주된 기분은? *Mood*

기분 상태 (중복 가능)	☐ 활력	☐ 안정	☐ 긴장	☐ 피로	
	☐ 즐거움	☐ 외로움	☐ 우울	☐ 불안	☐ 분노
	기타 ( )				
스트레스 온도	1	2	3	4	5
	보통				> 높음

나를 위한 힐링 타임은? *Self-Care*

☐ 운동   ☐ 산책   ☐ 휴식   ☐ 숙면   ☐ 스트레칭   ☐ 복식호흡

☐ 취미   ☐ 독서   ☐ 만남   ☐ 문화생활   ☐ 미니여행   ☐ 명상

기타 ( )

오늘의 마음일기는? *Quiet Time*

하루를 돌아보면서 후회하거나 아쉬운 점은?

....

....

후회하거나 아쉬운 점을 돌아보면서 나에게 해주고 싶은 말은?

....

....

식사일기

시간과 장소	공복감 수준 0 ~ 3, 숫자로 표시	식사결정 계획적 / 즉흥적	식사메뉴	식전기분	식후기분

오늘의 Eat Q.

식사를 마친 후 전반적인 몸의 느낌은?

....

....

....

오늘의 식사에서 아쉬웠던 점과 좋았던 점은?

....

....

....

년   월   일

오늘의 주된 기분은? *Mood*

기분 상태 (중복 가능)	☐ 활력	☐ 안정	☐ 긴장	☐ 피로	
	☐ 즐거움	☐ 외로움	☐ 우울	☐ 불안	☐ 분노
	기타 (　　　　　　　　　)				
스트레스 온도	1	2	3	4	5

보통 ──────────────────────── ＞ 높음

나를 위한 힐링 타임은? *Self-Care*

| ☐ 운동 | ☐ 산책 | ☐ 휴식 | ☐ 숙면 | ☐ 스트레칭 | ☐ 복식호흡 |
| ☐ 취미 | ☐ 독서 | ☐ 만남 | ☐ 문화생활 | ☐ 미니여행 | ☐ 명상 |

기타 (　　　　　　　　　)

오늘의 마음일기는? *Quiet Time*

하루를 돌아보면서 후회하거나 아쉬운 점은?

....

....

후회하거나 아쉬운 점을 돌아보면서 나에게 해주고 싶은 말은?

....

....

식사일기

시간과 장소	공복감 수준 0 ~ 3, 숫자로 표시	식사결정 계획적 / 즉흥적	식사메뉴	식전기분	식후기분

오늘의 Eat Q.

식사를 마친 후 전반적인 몸의 느낌은?

....

....

....

오늘의 식사에서 아쉬웠던 점과 좋았던 점은?

....

....

....

오늘의 주된 기분은? *Mood*

기분 상태 (중복 가능)	☐ 활력 ☐ 즐거움	☐ 안정 ☐ 외로움	☐ 긴장 ☐ 우울	☐ 피로 ☐ 불안	☐ 분노
	기타 ( )				
스트레스 온도	1	2	3	4	5

보통 ─────────────────────────> 높음

나를 위한 힐링 타임은? *Self-Care*

☐ 운동　　☐ 산책　　☐ 휴식　　☐ 숙면　　☐ 스트레칭　　☐ 복식호흡

☐ 취미　　☐ 독서　　☐ 만남　　☐ 문화생활　☐ 미니여행　　☐ 명상

기타 (　　　　　　　　)

오늘의 마음일기는? *Quiet Time*

하루를 돌아보면서 후회하거나 아쉬운 점은?

....

....

후회하거나 아쉬운 점을 돌아보면서 나에게 해주고 싶은 말은?

....

....

식사일기

시간과 장소	공복감 수준 0 ~ 3, 숫자로 표시	식사결정 계획적 / 즉흥적	식사메뉴	식전기분	식후기분

오늘의 Eat Q.

식사를 마친 후 전반적인 몸의 느낌은?

....

....

....

오늘의 식사에서 아쉬웠던 점과 좋았던 점은?

....

....

....

년   월   일

오늘의 주된 기분은? *Mood*

기분 상태 (중복 가능)	☐ 활력	☐ 안정	☐ 긴장	☐ 피로	
	☐ 즐거움	☐ 외로움	☐ 우울	☐ 불안	☐ 분노
	기타 ( )				
스트레스 온도	1	2	3	4	5

보통   〉높음

나를 위한 힐링 타임은? *Self-Care*

☐ 운동   ☐ 산책   ☐ 휴식   ☐ 숙면   ☐ 스트레칭   ☐ 복식호흡

☐ 취미   ☐ 독서   ☐ 만남   ☐ 문화생활   ☐ 미니여행   ☐ 명상

기타 ( )

오늘의 마음일기는? *Quiet Time*

하루를 돌아보면서 후회하거나 아쉬운 점은?

....

....

후회하거나 아쉬운 점을 돌아보면서 나에게 해주고 싶은 말은?

....

....

식사일기

시간과 장소	공복감 수준 0 ~ 3, 숫자로 표시	식사결정 계획적 / 즉흥적	식사메뉴	식전기분	식후기분

오늘의 Eat Q.

식사를 마친 후 전반적인 몸의 느낌은?

....

....

....

오늘의 식사에서 아쉬웠던 점과 좋았던 점은?

....

....

....

33

년 　 월 　 일

오늘의 주된 기분은? *Mood*

기분 상태 (중복 가능)	☐ 활력　　☐ 안정　　☐ 긴장　　☐ 피로 ☐ 즐거움　☐ 외로움　☐ 우울　　☐ 불안　　☐ 분노 기타 (　　　　　　　　)			
스트레스 온도	1	2	3	4	5

보통　　　　　　　　　　　　　　　　　　> 높음

나를 위한 힐링 타임은? *Self-Care*

☐ 운동　　☐ 산책　　☐ 휴식　　☐ 숙면　　☐ 스트레칭　☐ 복식호흡
☐ 취미　　☐ 독서　　☐ 만남　　☐ 문화생활　☐ 미니여행　☐ 명상
기타 (　　　　　　　　)

오늘의 마음일기는? *Quiet Time*

하루를 돌아보면서 후회하거나 아쉬운 점은?

후회하거나 아쉬운 점을 돌아보면서 나에게 해주고 싶은 말은?

식사일기

시간과 장소	공복감 수준 0 ~ 3, 숫자로 표시	식사결정 계획적 / 즉흥적	식사메뉴	식전기분	식후기분

오늘의 Eat Q.

식사를 마친 후 전반적인 몸의 느낌은?

식사를 마친 후 전반적인 몸의 느낌은?

오늘의 식사에서 아쉬웠던 점과 좋았던 점은?

년   월   일

오늘의 주된 기분은? *Mood*

기분 상태 (중복 가능)	☐ 활력　　☐ 안정　　☐ 긴장　　☐ 피로 ☐ 즐거움　☐ 외로움　☐ 우울　　☐ 불안　　☐ 분노 기타 (　　　　　　　　)				
스트레스 온도	1	2	3	4	5

보통　　　　　　　　　　　　　　　　　　　　　　　> 높음

나를 위한 힐링 타임은? *Self-Care*

☐ 운동　　　☐ 산책　　　☐ 휴식　　　☐ 숙면　　　☐ 스트레칭　　☐ 복식호흡
☐ 취미　　　☐ 독서　　　☐ 만남　　　☐ 문화생활　☐ 미니여행　　☐ 명상
기타 (　　　　　　　　　)

오늘의 마음일기는? *Quiet Time*

하루를 돌아보면서 후회하거나 아쉬운 점은?

후회하거나 아쉬운 점을 돌아보면서 나에게 해주고 싶은 말은?

식사일기

시간과 장소	공복감 수준 0 ~ 3, 숫자로 표시	식사결정 계획적 / 즉흥적	식사메뉴	식전기분	식후기분

오늘의 Eat Q.

식사를 마친 후 전반적인 몸의 느낌은?

오늘의 식사에서 아쉬웠던 점과 좋았던 점은?

년   월   일

오늘의 주된 기분은? *Mood*

기분 상태 (중복 가능)	☐ 활력	☐ 안정	☐ 긴장	☐ 피로	
	☐ 즐거움	☐ 외로움	☐ 우울	☐ 불안	☐ 분노
	기타 ( )				
스트레스 온도	1	2	3	4	5
	보통				〉높음

나를 위한 힐링 타임은? *Self-Care*

☐ 운동　　☐ 산책　　☐ 휴식　　☐ 숙면　　☐ 스트레칭　　☐ 복식호흡

☐ 취미　　☐ 독서　　☐ 만남　　☐ 문화생활　　☐ 미니여행　　☐ 명상

기타 ( )

오늘의 마음일기는? *Quiet Time*

하루를 돌아보면서 후회하거나 아쉬운 점은?

....

....

후회하거나 아쉬운 점을 돌아보면서 나에게 해주고 싶은 말은?

....

....

식사일기

시간과 장소	공복감 수준 0 ~ 3, 숫자로 표시	식사결정 계획적 / 즉흥적	식사메뉴	식전기분	식후기분

오늘의 Eat Q.

식사를 마친 후 전반적인 몸의 느낌은?

오늘의 식사에서 아쉬웠던 점과 좋았던 점은?

5th Week Review

식사일기 5주차, 당신에게 축복을! 점점 음식과의 관계가 평화로운 잇큐(Eat quietly) 모드에 들어가고 있어요. 식사일기를 쓰게 되면 나를 집중적으로 관찰할 수 있어요. 감정적으로 먹고 있는지, 어떨 때 과식을 하는지, 누구와 자주 먹는지, 어떤 음식을 좋아하는지, 먹고 난 후 기분은 어떤지 등. 그동안 미처 몰랐던 나에 대해서 구체적으로 알게 됩니다.

식사일기를 살펴보면 음식과의 관계가 엄격한 사람들이 있어요. '다이어트 식단'만을 고집한다거나 '특정 음식'을 금지하거나 적극적으로 먹는 것. 하지만 음식과의 관계가 평온하려면 심리적 만족감은 필수에요. 먹고 싶은 음식을 먹을 때 온몸으로 퍼지는 기분 좋은 포만감이 없다면 얼마나 우울하겠어요. 그래서 나를 행복하게 해주는 음식은 일부러 먹어야 해요. 이럴 때 위로음식은 최고의 만족감을 선사해요. 추억이 깃든 위로의 맛은 정말, 최고의 치유음식이에요.

지난 일주일의 식사일기를 돌아보고 다음 질문에 답해보세요.

1. 추억의 음식(위로음식)이 나에게 주었던 행복한 감각들을 상상해보세요. 그 느
   낌을 기록해보세요
   (예: 비오는 날 김치전을 부쳐 먹으면서 온 가족이 정겨웠던 느낌)

2. 나만의 위로음식 5가지를 적어보세요. 다이어트 기간 중에도 일주일에 한번은
   나에게 상을 주는 연습을 해보세요. (예: 나에게 위로음식은 갓 구운 빵)

지난 일주일의 라이프스타일을 돌아보고 다음 질문에 답해보세요.

1. 엄마의 집밥처럼 나를 위로해주는 것들을 떠올려보세요. 그것이 주는 느낌을
   기록해보세요. (예: 애완견 조이를 끌어안고 있으면 따뜻한 체온이 느껴진다)

2. 위로음식의 추억처럼 나에게 위로가 되는 친구 한 두 명을 떠올려보세요. 그 친
   구들에게 안부의 말을 표현해보세요.
   (예: 친구 송이에게 '잘 지내니? 궁금하다'고 문자인사 보내기)

36

오늘의 주된 기분은? *Mood*

기분 상태 (중복 가능)	☐ 활력 ☐ 안정 ☐ 긴장 ☐ 피로			
	☐ 즐거움 ☐ 외로움 ☐ 우울 ☐ 불안 ☐ 분노			
	기타 ( )			
스트레스 온도	1	2	3	4	5
	보통			높음

나를 위한 힐링 타임은? *Self-Care*

☐ 운동   ☐ 산책   ☐ 휴식   ☐ 숙면   ☐ 스트레칭   ☐ 복식호흡

☐ 취미   ☐ 독서   ☐ 만남   ☐ 문화생활   ☐ 미니여행   ☐ 명상

기타 (   )

오늘의 마음일기는? *Quiet Time*

하루를 돌아보면서 후회하거나 아쉬운 점은?

....

....

후회하거나 아쉬운 점을 돌아보면서 나에게 해주고 싶은 말은?

....

....

식사일기

시간과 장소	공복감 수준 0 ~ 3, 숫자로 표시	식사결정 계획적 / 즉흥적	식사메뉴	식전기분	식후기분

오늘의 Eat Q.

식사를 마친 후 전반적인 몸의 느낌은?

오늘의 식사에서 아쉬웠던 점과 좋았던 점은?

년   월   일

오늘의 주된 기분은? *Mood*

기분 상태 (중복 가능)	☐ 활력	☐ 안정	☐ 긴장	☐ 피로	
	☐ 즐거움	☐ 외로움	☐ 우울	☐ 불안	☐ 분노
	기타 (		)		
스트레스 온도	1	2	3	4	5

보통   〉 높음

나를 위한 힐링 타임은? *Self-Care*

☐ 운동   ☐ 산책   ☐ 휴식   ☐ 숙면   ☐ 스트레칭   ☐ 복식호흡

☐ 취미   ☐ 독서   ☐ 만남   ☐ 문화생활   ☐ 미니여행   ☐ 명상

기타 (   )

오늘의 마음일기는? *Quiet Time*

하루를 돌아보면서 후회하거나 아쉬운 점은?

....

....

후회하거나 아쉬운 점을 돌아보면서 나에게 해주고 싶은 말은?

....

....

식사일기

시간과 장소	공복감 수준 0 ~ 3, 숫자로 표시	식사결정 계획적 / 즉흥적	식사메뉴	식전기분	식후기분

오늘의 Eat Q.

식사를 마친 후 전반적인 몸의 느낌은?

오늘의 식사에서 아쉬웠던 점과 좋았던 점은?

오늘의 주된 기분은? *Mood*

기분 상태 (중복 가능)	☐ 활력	☐ 안정	☐ 긴장	☐ 피로	
	☐ 즐거움	☐ 외로움	☐ 우울	☐ 불안	☐ 분노
	기타 ( )				
스트레스 온도	1	2	3	4	5

보통   ⟩ 높음

나를 위한 힐링 타임은? *Self-Care*

☐ 운동	☐ 산책	☐ 휴식	☐ 숙면	☐ 스트레칭	☐ 복식호흡
☐ 취미	☐ 독서	☐ 만남	☐ 문화생활	☐ 미니여행	☐ 명상

기타 (   )

오늘의 마음일기는? *Quiet Time*

하루를 돌아보면서 후회하거나 아쉬운 점은?

....

....

후회하거나 아쉬운 점을 돌아보면서 나에게 해주고 싶은 말은?

....

....

식사일기

시간과 장소	공복감 수준 0 ~ 3, 숫자로 표시	식사결정 계획적 / 즉흥적	식사메뉴	식전기분	식후기분

오늘의 Eat Q.

식사를 마친 후 전반적인 몸의 느낌은?

....

....

....

오늘의 식사에서 아쉬웠던 점과 좋았던 점은?

....

....

....

오늘의 주된 기분은? *Mood*

기분 상태 (중복 가능)	☐ 활력 ☐ 안정 ☐ 긴장 ☐ 피로 ☐ 즐거움 ☐ 외로움 ☐ 우울 ☐ 불안 ☐ 분노 기타 ( )				
스트레스 온도	1	2	3	4	5

보통   높음

나를 위한 힐링 타임은? *Self-Care*

☐ 운동   ☐ 산책   ☐ 휴식   ☐ 숙면   ☐ 스트레칭   ☐ 복식호흡

☐ 취미   ☐ 독서   ☐ 만남   ☐ 문화생활   ☐ 미니여행   ☐ 명상

기타 (   )

오늘의 마음일기는? *Quiet Time*

하루를 돌아보면서 후회하거나 아쉬운 점은?

후회하거나 아쉬운 점을 돌아보면서 나에게 해주고 싶은 말은?

식사일기

시간과 장소	공복감 수준 0 ~ 3, 숫자로 표시	식사결정 계획적 / 즉흥적	식사메뉴	식전기분	식후기분

오늘의 Eat Q.

식사를 마친 후 전반적인 몸의 느낌은?

오늘의 식사에서 아쉬웠던 점과 좋았던 점은?

년   월   일

오늘의 주된 기분은? *Mood*

기분 상태 (중복 가능)	☐ 활력	☐ 안정	☐ 긴장	☐ 피로	
	☐ 즐거움	☐ 외로움	☐ 우울	☐ 불안	☐ 분노
	기타 (		)		
스트레스 온도	1	2	3	4	5

보통 ————————————————————————————— > 높음

나를 위한 힐링 타임은? *Self-Care*

☐ 운동	☐ 산책	☐ 휴식	☐ 숙면	☐ 스트레칭	☐ 복식호흡
☐ 취미	☐ 독서	☐ 만남	☐ 문화생활	☐ 미니여행	☐ 명상

기타 (   )

오늘의 마음일기는? *Quiet Time*

하루를 돌아보면서 후회하거나 아쉬운 점은?

....

....

후회하거나 아쉬운 점을 돌아보면서 나에게 해주고 싶은 말은?

....

....

식사일기

시간과 장소	공복감 수준 0 ~ 3, 숫자로 표시	식사결정 계획적 / 즉흥적	식사메뉴	식전기분	식후기분

오늘의 Eat Q.

식사를 마친 후 전반적인 몸의 느낌은?

....

....

....

오늘의 식사에서 아쉬웠던 점과 좋았던 점은?

....

....

....

오늘의 주된 기분은? *Mood*

기분 상태 (중복 가능)	☐ 활력	☐ 안정	☐ 긴장	☐ 피로	
	☐ 즐거움	☐ 외로움	☐ 우울	☐ 불안	☐ 분노
	기타 ( )				
스트레스 온도	1	2	3	4	5
	보통				높음

나를 위한 힐링 타임은? *Self-Care*

☐ 운동　　☐ 산책　　☐ 휴식　　☐ 숙면　　☐ 스트레칭　　☐ 복식호흡

☐ 취미　　☐ 독서　　☐ 만남　　☐ 문화생활　　☐ 미니여행　　☐ 명상

기타 ( )

오늘의 마음일기는? *Quiet Time*

하루를 돌아보면서 후회하거나 아쉬운 점은?

후회하거나 아쉬운 점을 돌아보면서 나에게 해주고 싶은 말은?

식사일기

시간과 장소	공복감 수준 0 ~ 3, 숫자로 표시	식사결정 계획적 / 즉흥적	식사메뉴	식전기분	식후기분

오늘의 Eat Q.

식사를 마친 후 전반적인 몸의 느낌은?

....

....

....

오늘의 식사에서 아쉬웠던 점과 좋았던 점은?

....

....

....

오늘의 주된 기분은? *Mood*

기분 상태 (중복 가능)	☐ 활력	☐ 안정	☐ 긴장	☐ 피로	
	☐ 즐거움	☐ 외로움	☐ 우울	☐ 불안	☐ 분노
	기타 ( )				
스트레스 온도	1	2	3	4	5
	보통				높음

나를 위한 힐링 타임은? *Self-Care*

☐ 운동　☐ 산책　☐ 휴식　☐ 숙면　☐ 스트레칭　☐ 복식호흡
☐ 취미　☐ 독서　☐ 만남　☐ 문화생활　☐ 미니여행　☐ 명상
기타 ( )

오늘의 마음일기는? *Quiet Time*

하루를 돌아보면서 후회하거나 아쉬운 점은?

후회하거나 아쉬운 점을 돌아보면서 나에게 해주고 싶은 말은?

식사일기

시간과 장소	공복감 수준 0 ~ 3, 숫자로 표시	식사결정 계획적 / 즉흥적	식사메뉴	식전기분	식후기분

오늘의 Eat Q.

식사를 마친 후 전반적인 몸의 느낌은?

....

....

....

오늘의 식사에서 아쉬웠던 점과 좋았던 점은?

....

....

....

6th Week Review

식사일기 6주차, 마지막 목표점이 얼마 남지 않았어요. 달리기도 마지막 스퍼트가 중요하듯 식사일기 6주, 7주도 나에게 온전히 귀 기울여 보세요.

이번 주는 어떻게 보냈는지 궁금하네요. 바쁘다는 이유로 식사일기를 소홀히 하지는 않았나요? 주변을 둘러보면 '피곤하다'는 말을 달고 사는 사람들이 많아요. 혹시 나도 쉽게 지치고 피곤한지 떠올려 보세요. 밀려드는 회사일, 사람들과의 사소한 오해나 갈등, 계획대로 되지 않는 일……. 유독 나에게만 힘들고 버겁게 다가오는 날이 있어요. 그런 날은 어김없이 음식의 유혹을 떨치기 어려워요. 감정적 식사의 유혹에 넘어가지 않기 위해서라도 적극적으로 나를 돌보고 아껴야 해요. 나를 피곤하지 않을 만큼 사용해야 합니다. 식사일기에 이렇게 적어보세요. '일을 하려고 쉬는 것이 아니라 쉬려고 일하는 것이다.'

지난 일주일의 식사일기를 돌아보고 다음 질문에 답해보세요.

1. 피곤하다고 무작정 먹을 것부터 찾은 적이 있나요? 지치고 피곤해서 먹었던 음식들을 적어보세요. (예: 야근 후 집에 돌아와 '치맥'을 먹었다)

----

2. 일주일 동안 숙면을 취하지 못한 날은 언제인가요? 그날의 식사 내용은 어땠나요? 한번 살펴보세요.
   (예: 6시간 이상 못 잔 날은 입맛이 떨어져서 평소보다 적게 먹는다)

지난 일주일의 라이프스타일을 돌아보고 다음 질문에 답해보세요.

1. 이번 주 몇 번이나 '아 피곤해'라고 느꼈는지 한번 떠올려보세요. 최근의 에너지 상태를 점검해보세요. (예: 수면부족으로 자주 피곤함을 느낀다)

----

2. 피곤하고 지친다면 시간 조절(Time Management)을 통해 심플 라이프를 실천해보세요. 시간을 줄여야 할 나의 라이프스타일을 적어보세요.
   (예: 스마트폰은 하루 두 시간 이상 하지 않는다)

오늘의 주된 기분은? *Mood*

기분 상태 (중복 가능)	☐ 활력	☐ 안정	☐ 긴장	☐ 피로	
	☐ 즐거움	☐ 외로움	☐ 우울	☐ 불안	☐ 분노
	기타 (　　　　　　　　)				
스트레스 온도	1	2	3	4	5

　　　　　　　　보통　　　　　　　　　　　　　　　　　　　　　　　> 높음

나를 위한 힐링 타임은? *Self-Care*

☐ 운동	☐ 산책	☐ 휴식	☐ 숙면	☐ 스트레칭	☐ 복식호흡
☐ 취미	☐ 독서	☐ 만남	☐ 문화생활	☐ 미니여행	☐ 명상

기타 (　　　　　　　　　　)

오늘의 마음일기는? *Quiet Time*

하루를 돌아보면서 후회하거나 아쉬운 점은?

....

....

후회하거나 아쉬운 점을 돌아보면서 나에게 해주고 싶은 말은?

....

....

식사일기

시간과 장소	공복감 수준 0~3, 숫자로 표시	식사결정 계획적 / 즉흥적	식사메뉴	식전기분	식후기분

오늘의 Eat Q.

식사를 마친 후 전반적인 몸의 느낌은?

오늘의 식사에서 아쉬웠던 점과 좋았던 점은?

오늘의 주된 기분은? *Mood*

기분 상태 (중복 가능)	☐ 활력	☐ 안정	☐ 긴장	☐ 피로	
	☐ 즐거움	☐ 외로움	☐ 우울	☐ 불안	☐ 분노
	기타 ( )				
스트레스 온도	1	2	3	4	5

보통 〉 높음

나를 위한 힐링 타임은? *Self-Care*

☐ 운동	☐ 산책	☐ 휴식	☐ 숙면	☐ 스트레칭	☐ 복식호흡
☐ 취미	☐ 독서	☐ 만남	☐ 문화생활	☐ 미니여행	☐ 명상

기타 ( )

오늘의 마음일기는? *Quiet Time*

하루를 돌아보면서 후회하거나 아쉬운 점은?

후회하거나 아쉬운 점을 돌아보면서 나에게 해주고 싶은 말은?

식사일기

시간과 장소	공복감 수준 0~3, 숫자로 표시	식사결정 계획적 / 즉흥적	식사메뉴	식전기분	식후기분

오늘의 Eat Q.

식사를 마친 후 전반적인 몸의 느낌은?

오늘의 식사에서 아쉬웠던 점과 좋았던 점은?

오늘의 주된 기분은? *Mood*

기분 상태 (중복 가능)	☐ 활력	☐ 안정	☐ 긴장	☐ 피로	
	☐ 즐거움	☐ 외로움	☐ 우울	☐ 불안	☐ 분노
	기타 (　　　　　　　)				
스트레스 온도	1	2	3	4	5

보통 　　　　　　　　　　　　　　　　　 〉 높음

나를 위한 힐링 타임은? *Self-Care*

☐ 운동　　☐ 산책　　☐ 휴식　　☐ 숙면　　☐ 스트레칭　　☐ 복식호흡

☐ 취미　　☐ 독서　　☐ 만남　　☐ 문화생활　　☐ 미니여행　　☐ 명상

기타 (　　　　　　　)

오늘의 마음일기는? *Quiet Time*

하루를 돌아보면서 후회하거나 아쉬운 점은?

후회하거나 아쉬운 점을 돌아보면서 나에게 해주고 싶은 말은?

식사일기

시간과 장소	공복감 수준 0 ~ 3, 숫자로 표시	식사결정 계획적 / 즉흥적	식사메뉴	식전기분	식후기분

오늘의 Eat Q.

식사를 마친 후 전반적인 몸의 느낌은?

....

....

....

오늘의 식사에서 아쉬웠던 점과 좋았던 점은?

....

....

....

년   월   일

오늘의 주된 기분은? *Mood*

기분 상태 (중복 가능)	□ 활력	□ 안정	□ 긴장	□ 피로	
	□ 즐거움	□ 외로움	□ 우울	□ 불안	□ 분노
	기타 ( )				
스트레스 온도	1	2	3	4	5

보통   〉높음

나를 위한 힐링 타임은? *Self-Care*

□ 운동　　□ 산책　　□ 휴식　　□ 숙면　　□ 스트레칭　　□ 복식호흡

□ 취미　　□ 독서　　□ 만남　　□ 문화생활　　□ 미니여행　　□ 명상

기타 ( )

오늘의 마음일기는? *Quiet Time*

하루를 돌아보면서 후회하거나 아쉬운 점은?

....

....

후회하거나 아쉬운 점을 돌아보면서 나에게 해주고 싶은 말은?

....

....

식사일기

시간과 장소	공복감 수준 0 ~ 3, 숫자로 표시	식사결정 계획적 / 즉흥적	식사메뉴	식전기분	식후기분

오늘의 Eat Q.

식사를 마친 후 전반적인 몸의 느낌은?

....

....

....

오늘의 식사에서 아쉬웠던 점과 좋았던 점은?

....

....

....

년   월   일

오늘의 주된 기분은? *Mood*

기분 상태 (중복 가능)	☐ 활력	☐ 안정	☐ 긴장	☐ 피로	
	☐ 즐거움	☐ 외로움	☐ 우울	☐ 불안	☐ 분노
	기타 ( )				
스트레스 온도	1	2	3	4	5

보통   › 높음

나를 위한 힐링 타임은? *Self-Care*

☐ 운동   ☐ 산책   ☐ 휴식   ☐ 숙면   ☐ 스트레칭   ☐ 복식호흡

☐ 취미   ☐ 독서   ☐ 만남   ☐ 문화생활   ☐ 미니여행   ☐ 명상

기타 (   )

오늘의 마음일기는? *Quiet Time*

하루를 돌아보면서 후회하거나 아쉬운 점은?

후회하거나 아쉬운 점을 돌아보면서 나에게 해주고 싶은 말은?

식사일기

시간과 장소	공복감 수준 0 ~ 3, 숫자로 표시	식사결정 계획적 / 즉흥적	식사메뉴	식전기분	식후기분

오늘의 Eat Q.

식사를 마친 후 전반적인 몸의 느낌은?

....

....

....

오늘의 식사에서 아쉬웠던 점과 좋았던 점은?

....

....

....

년   월   일

오늘의 주된 기분은? *Mood*

기분 상태 (중복 가능)	☐ 활력	☐ 안정	☐ 긴장	☐ 피로	
	☐ 즐거움	☐ 외로움	☐ 우울	☐ 불안	☐ 분노
	기타 ( )				
스트레스 온도	1	2	3	4	5

보통 -- > 높음

나를 위한 힐링 타임은? *Self-Care*

☐ 운동   ☐ 산책   ☐ 휴식   ☐ 숙면   ☐ 스트레칭   ☐ 복식호흡

☐ 취미   ☐ 독서   ☐ 만남   ☐ 문화생활   ☐ 미니여행   ☐ 명상

기타 ( )

오늘의 마음일기는? *Quiet Time*

하루를 돌아보면서 후회하거나 아쉬운 점은?

....

....

후회하거나 아쉬운 점을 돌아보면서 나에게 해주고 싶은 말은?

....

....

식사일기

시간과 장소	공복감 수준 0 ~ 3, 숫자로 표시	식사결정 계획적 / 즉흥적	식사메뉴	식전기분	식후기분

오늘의 Eat Q.

식사를 마친 후 전반적인 몸의 느낌은?

....

....

....

오늘의 식사에서 아쉬웠던 점과 좋았던 점은?

....

....

....

오늘의 주된 기분은? *Mood*

기분 상태 (중복 가능)	☐ 활력	☐ 안정	☐ 긴장	☐ 피로	
	☐ 즐거움	☐ 외로움	☐ 우울	☐ 불안	☐ 분노
	기타 ( )				
스트레스 온도	1	2	3	4	5
	보통				〉높음

나를 위한 힐링 타임은? *Self-Care*

☐ 운동   ☐ 산책   ☐ 휴식   ☐ 숙면   ☐ 스트레칭   ☐ 복식호흡

☐ 취미   ☐ 독서   ☐ 만남   ☐ 문화생활   ☐ 미니여행   ☐ 명상

기타 (   )

오늘의 마음일기는? *Quiet Time*

하루를 돌아보면서 후회하거나 아쉬운 점은?

....

....

후회하거나 아쉬운 점을 돌아보면서 나에게 해주고 싶은 말은?

....

....

식사일기

시간과 장소	공복감 수준 0 ~ 3, 숫자로 표시	식사결정 계획적 / 즉흥적	식사메뉴	식전기분	식후기분

오늘의 Eat Q.

식사를 마친 후 전반적인 몸의 느낌은?

....

....

....

오늘의 식사에서 아쉬웠던 점과 좋았던 점은?

....

....

....

7th **Week Review**

식사일기 7주차 마지막 주입니다. 습관이 내 안에 자리 잡기까지 대략 3개월 남짓 걸려요. 습관이란 나도 모르게 이루어지는 행동 패턴이에요. 이 중에는 좋은 습관도 있지만, 개선해야 할 습관도 있어요. 음식과의 관계에서 나도 모르게 저지르는 나쁜 습관이 있나요? 식사일기를 성실하게 써왔다면, 아마 지금쯤은 알아챘을 거예요.

감정적으로 먹는 습관, 여기에 넘어가지 않기 위해서 중요한 키워드가 바로 행복이에요. 행복해야 배가 쉽게 고프지 않고 다이어트에도 성공할 수 있어요. 행복한 여자가 음식과의 관계도 건강하답니다. 식사일기 49일 동안, 온전히 나에게 귀 기울였다면, 분명 전보다 행복한 '나'를 발견할 거예요.

지난 일주일의 식사일기를 돌아보고 다음 질문에 답해보세요.

1. 혼자 있을 때 내 모습을 상상해보세요. 주로 어떤 음식들을 먹는지 적어보세요.
   (예: 주말에 혼자 있는 시간에는 맥주와 마른안주를 먹으며 TV를 본다)

2. 외로울 때 함께 시간을 나눌 수 있는 식탁친구 한두 명을 떠올려보세요. 친구들
   과 즐거운 시간을 보낼 수 있는 구체적인 식사계획을 세워보세요.
   (예: 일주일에 한번은 친구와 맛집을 찾아서 휴식 시간을 보낸다)

지난 일주일의 라이프스타일을 돌아보고 다음 질문에 답해보세요.

1. 내가 어떤 시간을 보낼 때 가장 편안함을 느끼는지 생각해 보세요.
   (예: 창 넓은 카페에서 혼자 독서할 때)

2. 행복감을 만끽하기 위해서 지금 내가 바로 실천할 수 있는 일들이 무엇인지 추
   가적으로 적어보세요. (예: 함께 여행을 가는 소모임 만들기 등)

49일 식사일기를 마치며

1. 지금까지 7주 동안 식사일기를 쓰면서 감정과 식사를 함께 생각해볼 수 있었나요?
그렇다면 감정적 식사에서 나에게 가장 큰 도전이 되는 어려움은 무엇이었나요?

2. 지금까지 부모로부터 배우게 된 음식과 몸에 대한 메시지는 어떤 것이 있을까요?
(예: 짜게 먹지 않는다, 살이 쪄서는 안 된다)

3. 식사일기를 쓰면서 내 몸에 대해 새롭게 발견하게 된 점을 적어보세요.

4. 과거에는 몰랐는데, 식사일기를 쓰면서 알게 된 사실이 있나요? 있다면 이것을
나에게 어떻게 유리하게 적용해볼 수 있을까요?

5. 미래에 원하는 내 모습이 있나요? 10년 후의 내가 현재의 나에게 어떤 말을 해줄 수 있을까요?

6. 내 인생에서 나를 행복하게 해주는 일이나 사람을 떠올려보세요. 이들에 대해 말해보세요.

7. 음식과의 관계가 회복되면 올해 내가 하고 싶은 일이 무엇일지 상상해보고 적어보세요.

나의 몸과 마음은
내가 주인인 동시에 책임자이어야 한다.